U0814535

燃电企业典型工种作业安全分析(JSA)

主　编:王起全
副主编:朱　军　侯晓龙　杨鑫刚

气象出版社
China Meteorological Press

图书在版编目(CIP)数据

燃电企业典型工种作业安全分析:JSA / 王起全主编 .—北京 :气象出版社,2018.6

ISBN 978-7-5029-6786-4

Ⅰ.①燃… Ⅱ.①王… Ⅲ.①燃煤发电厂-工业企业-安全生产-中国 Ⅳ.①F426.61

中国版本图书馆 CIP 数据核字(2018)第 137125 号

Randian Qiye Dianxing Gongzhong Zuoye Anquan Fenxi(JSA)

燃电企业典型工种作业安全分析(JSA)

出版发行: 气象出版社

地　　址: 北京市海淀区中关村南大街 46 号　　**邮政编码:** 100081

电　　话: 010-68407112(总编室)　010-68408042(发行部)

网　　址: http://www.qxcbs.com　　**E-mail:** qxcbs@cma.gov.cn

责任编辑: 张盼娟　　**终　　审:** 吴晓鹏

责任校对: 王丽梅　　**责任技编:** 赵相宁

封面设计: 楠　竹

印　　刷: 北京中石油彩色印刷有限责任公司

开　　本: 787 mm×1092 mm　1/16　　**印　　张:** 9.25

字　　数: 237 千字

版　　次: 2018 年 6 月第 1 版　　**印　　次:** 2018 年 6 月第 1 次印刷

定　　价: 30.00 元

前　言

中国共产党十九大报告提出，树立“安全发展”的理念，弘扬“生命至上、安全第一”的思想，健全公共安全体系，完善安全生产责任制，坚决遏制重特大安全事故，提升防灾减灾救灾能力。

2016年1月6日，习近平总书记在中共中央政治局常务委员会会议上就安全生产工作提出，必须坚决遏制重特大事故频发势头，对易发重特大事故的行业领域采取风险分级管控、隐患排查治理双重预防性工作机制，推动安全生产关口前移，加强应急救援工作，最大限度减少人员伤亡和财产损失。构建风险分级管控与隐患排查治理体系，目的是要实现事故的双重预防性工作机制，是“基于风险”的过程安全管理理念的具体实践，是实现事故“纵深防御”和“关口前移”的有效手段。

为了贯彻落实《中华人民共和国安全生产法》及《中共中央国务院关于推进安全生产领域改革发展的意见》，本书依据《生产过程危险和有害因素分类与代码》(GB/T 13861—2009)、《企业伤亡事故分类》(GB 6441—86)，对燃气发电企业进行危险辨识，结合燃气发电企业作业的特点，使用作业安全分析(JSA)方法对燃气发电企业运行和维修的43个作业进行危险识别，并系统分析各作业过程中存在的潜在危险、原因以及应采取的措施。

本书在2017年燃气发电企业风险分析研究课题和京丰电力风险分析及预警项目的专项资助下完成，在此深表感谢。本书由王起全担任主编，朱军、侯晓龙、杨鑫刚担任副主编，叶周景、张心远、代杰、郭海滨、郑乐、薛东、闫向斗、丁江明、教锟、杨松力、李曙昊、徐帆、李利、张以波、孙曦、林志超等参与编写，在撰写过程中，得到了许多领导、专家和同行们的支持、帮助和鼓励，在此一并致谢。最后，对文中引用的中外文献作者们致以诚挚的谢意。感谢所有对本书出版给予热心帮助的同志和朋友们！

本书可作为实践性教学专用教材，也可为从事燃气发电企业相关工作的人员提供参考。

由于作者水平有限，书中疏漏之处在所难免，望广大读者批评指正。

王起全
2018年4月

目 录

第1章 绪 论

近年来，随着我国天然气资源的大规模开发利用，国家“西气东输”、近海天然气开发和引进国外液化天然气等工作全面展开，燃气发电产业持续发展。2000—2016年，我国发电天然气用量增长率达到30%。政府节能与环保要求、能源结构优化的迫切需要、燃气联合循环发电的技术经济优势等，成为推动天然气发电消费增长的动力。燃气发电因其环境污染少、机组启动迅速、热效率高等优点，成为世界各国着重发展的对象。燃气—蒸汽联合循环发电技术兼备燃气的清洁与联合循环高效的优点，发电容量所占比重逐渐增加。目前，全世界每年增长的发电容量中，燃气—蒸汽联合循环机组容量占35%左右，而在美国新建电厂中，93%为燃气发电厂。随着我国燃气发电企业的不断增加，燃气发电企业的安全管理问题也越来越重要。

随着我国综合实力的提高，城镇化进程的加速，对能源的需求量也飞速增加。这使得燃气发电行业的发展受到越来越多人的关注。中国电力企业联合会的数据显示，截至2013年年底，我国天然气发电装机容量为4500万千瓦左右，占全国总装机容量的3.45%；发电量达1143亿千瓦时，占总发电量的2.19%，已超越核电，成为我国第四大电力来源(张斌，2012)。随着我国燃气发电企业的不断增加，燃气发电企业的风险分析和安全评价问题也越来越重要。燃气发电企业因使用燃气发电，易诱发火灾或爆炸事故，据火灾统计数据表明，日本每年约发生燃气火灾事故700起，中国每年约发生1000起，国内外城市燃气系统曾发生过多起因燃气管道系统破裂或发电企业燃气泄漏导致的重特大火灾爆炸事故，造成严重的人员伤亡和财产损失。燃气是易燃、易爆、有毒的气体，这种特性使燃气行业成为一个高危行业，其生产、供应、使用过程中的每一个环节都可能发生泄漏、爆炸和中毒事故。一旦发生重大事故，势必影响城镇的正常运行，危及公共安全，甚至影响到社会稳定。因此，如何对燃气发电企业进行风险分析，及时发现隐患，避免事故发生成为燃气发电企业需要研究解决的问题。

国外研究方面，美国石油协会(API)(2000)提出基于风险的检验(RBI)方法，该方法广泛应用于后果计算、安全分析、经济损失和环境影响。日本作为世界上最大的天然气进口国，建有最多的天然气接收站，在燃气电厂的建设初期就充分考虑到风险识别，从设计阶段就考虑降低燃气电厂风险。欧洲对清洁能源有巨大需求，为了解决传统的燃气电厂天然气气化和接收终端事故频发的问题，以及电厂建立受到地理条件等因素的限制，欧洲学者推动了浮式LNG气化和接收终端(Floating Storage and Regasification Terminal，FSRT)的研究。

国外实践方面，美国国会通过《管道安全改进法案》(P. L. 1072355)(2000)，首次以法律的形式明确要求执行管道完整性管理程序，要求管道运营商定期采取内检测、压力试验和直接分析方法评价管道系统的完整性，并要求建立一套程序化的管理体制，最大限度地确保管道安全。美国通过的《管道检测、保护、实施及安全法案》(Pipeline inspection, Protection, Enforcement and Safety act of 2006)(2006)，首次授权美国交通运输部(DOT)处理防止挖掘损坏管道的问题，将防止第三方挖掘损坏管道的程序提升到联邦一级水平。欧洲定期更新和出版燃气管道事故数据库(European Gas Pipeline Incident Data Group，EGIG)的报告，公开阐述燃气行业的安全问题，简明化燃气行业以外的非专业人士对燃气安全的理解，进而加强燃气行业与其他部门的交流和协作，欧洲 EGAS(Europe Group on Atomic System)体系的建立也提高了公众对燃气安全的监督力度。

我国在燃气电力企业安全方面的研究工作开展得较晚。20 世纪 90 年代中期，我国开展了有关燃气电力企业安全风险评价的系列研究及应用试验工作，研究人员在借鉴国外研究成果的基础上，综合运用专家评分法、故障树法和模糊数学等多种分析方法，提出了一系列切实可行的评价方法。虽然目前国内尚未形成系统、完整的风险评价技术体系用以评价城市燃气管道的安全性，但相关研究已逐渐起步。如燃气发电企业安全性评价管理分析了我国燃气发电企业的发展及安全管理特点，以天津滨海燃气发电厂安全性评价为实例，提出了燃气发电企业在安全评价实践中普遍存在的问题，制定适合燃气发电企业特色的安全性评价体系及评价标准(宋国斌，2008)。国内学者对燃气发电企业风险评估多集中在技术设备上，如：燃气一蒸汽联合循环发电设备及运行(杨顺虎，2003)，燃气轮机热通道部件严重损坏原因分析(盛兆顺等，2003)，而关注人的行为操作方面的安全研究甚少。在燃气发电企业管道泄漏方面，研究主要集中在利用有限元仿真分析软件 ANSYS 对混凝土式管道悬索跨越结构进行抗震分析(信志涛 等，2016)，并通过燃气管道风险评估降低整个管网的运行风险(郑飞，2008)。另外，有学者通过 Matlab 软件对燃气扩散模式进行模拟，对影响燃气扩散的主要因素进行定性分析(孙永庆 等，2006)。在实践方面，为进一步加强电力安全生产和监督管理工作，防范燃气发电机组设备损坏事故，提高燃气发电机组可靠运行水平，依据 2013 年国务院安全生产工作的总体部署和电力监管工作安排，电监会(2013)制定了《燃气发电机组运行安全专项监管工作方案》，对燃气发电企业机组安全运行进行了系统的检查和评估。

综上所述，尽管燃气发电企业在危机管理、安全管理方面的专著和论文数量繁多，但针对燃气发电企业基层班组操作风险分析的应用研究较少。对燃气发电企业进行 JSA 分析，在燃气发电不断被运用并推广的大环境下，运用定量风险评价 QRA 技术对燃气发电企业进行全面的风险分析，隐患排查，从而提高燃气发电企业基层班组的安全管理能力和应急处置能力，这对强化安全生产基础，提高燃气发电安全生产管理水平，减少燃气发电企业事故发生，减少人员伤亡和财产损失有十分重要的意义。

发电企业一旦发生事故，对其他工业部门及人民生活的影响巨大。燃气电厂主要可能发生的事故有电力生产人身事故、电力生产设备事故和火灾事故。其中，电力生产人身事故往往由电力生产设备事故和火灾事故引起。电力生产设备事故很大一部分是由企业员工误操作、违章作业导致的。而火灾事故的诱因与管道的损坏和天然气的泄漏密切相关。本书拟从以下三个方面对燃气电厂进行风险分析与研究。

(1)深入分析燃气发电企业危险源，从而确定燃气发电企业风险分析的重点部位。

燃气发电企业的发电机机组自动化程度高，大多采用 Mark－V 以上控制系统，由于燃气发电的特殊性，一般燃机入口压力要求为 20 MPa，而天然气供气压力为 3～5 MPa，因此，燃气电厂均设有天然气增压站(宋国斌，2008)。燃气机组、天然气增压站的防火防爆管理更显重要，一旦燃气管道发生泄漏或爆炸都将造成惨重的人员伤亡和巨大的财产损失。但由于其所处环境复杂多变且长度不断增加，常规的预防措施已经难以确保燃气管道的长期安全运行，因此，加强燃气管道的监控与管理已成为对燃气发电企业风险分析及控制的重要内容。

(2)通过调查研究及实证分析,运用 JSA 对工人操作过程进行危险分析。

据统计,燃气发电企业的事故中约有 80%都发生在基础岗位的班组上,因此对班组员工的违章操作风险进行系统的分析,对于预防事故具有重要的指导意义。本书对于作业环境中的风险分析与评价,是以作业步骤为对象,就作业场所中的风险分布、风险类别、风险危害和影响因素四个方面进行 JSA 分析。通过对风险发生的可能性和严重程度两个指标进行统计分析,给出综合的和各专业的风险等级分析图谱,从而直观反映出哪些作业风险程度高、发生概率高、后果严重,以便企业的决策者和安全管理人员对企业员工的作业风险进行更有效的管控。

(3)以北京市京丰燃气发电企业为实例,运用 JSA 进行验证分析。

以北京市京丰燃气发电企业为实例,结合企业实际情况,运用 JSA 分析法对其运行和维修作业进行 JSA 分析,并在进行风险分析的同时,提出有针对性的技术措施及建议。

第 2 章　燃电企业事故危险分析

目前，国内缺乏权威的燃气发电企业评价体系和评价标准，燃气发电企业开展安全性评价时，基本上参照火力发电企业的评价内容进行。但是，已有火力发电安全性评价标准、体系并不完全适用燃气发电企业的实际情况。现有的燃气电厂的风险分析大多是对燃气发电系统特定事故类型的分析，如：燃气管道风险评估系统概况（徐海宏 等，2006）针对燃气管道风险进行评估；基于变权模型的燃气电厂危险性评价方法研究（樊茂飞 等，2008），分析燃气轮机特有的喘振事故，构建评价指标体系、指标评分方法及评价变权模型等。本书侧重分析容易引起燃气发电企业事故的因素，为了科学预防燃气电力企业事故的发生，评价企业的安全状况，为制定整改措施提供依据。

危险源是指一个系统中具有潜在能量和物质、释放危险的、可造成人员伤害、财产损失或环境破坏的、在一定的触发因素作用下可转化为事故的部位、区域、场所、空间、岗位、设备及其位置。实施燃气发电企业危险源辨识的目的在于控制各类风险生产、操作、作业活动，减少事故发生的可能性及应急救援的联动性，改善企业的安全管理绩效。因此，全面识别危害因素，准确评价与控制重大风险，是日常活动风险控制的基础。开展燃气发电企业风险分析研究价值有以下方面。

(1)开展燃气发电企业风险分析研究，能够在事故发生前控制系统存在的隐患和危险。危险即在生产或施工中遭到损害、诱发事故的可能，也称为不安全因素或事故隐患。一般来说，系统中存在的危险分为两大类：一类是显现的，容易觉察和控制；另一类是潜在的，不易觉察，若潜在的危险失去控制，就会生成事故，其危险危害性更大。潜在的危险存在于系统的内部，人们不能直接观测到。燃气发电企业风险分析工作即是对系统的全面分析、判断和评价，及时地发现企业系统存在的危险、分布部位、危险的严重程度，从而采取措施加以控制，把危险降低到允许的标准，科学有效地防止燃气发电企业重特大事故的发生。

(2)开展燃气发电企业风险分析，能够更好地让安全管理人员对企业进行安全管理，并能提高安全管理的科学性。很多燃气发电企业事故率高，重要的原因是企业安全管理者对系统中存在的危险和隐患了解不够全面，导致其安全技术的决策失误。因此，开展燃气发电企业风险分析时，需结合实际情况，对系统的危险系数和安全度做出定量与定性分析，并从已发生的安全事故中吸取经验，从而为企业安全管理者的科学决策提供依据。

(3)燃气发电企业系统中每个环节的隐患都可能导致事故的发生，需要通过全过程的风险分析，运用 JSA 等方法对燃气发电企业的薄弱环节和整体进行分析，控制系统事故的发生。同时在分析中强调人的因素，对电网工人在工作岗位的不安全行为进行定量分析，找出燃气发电企业高风险作业岗位，发生概率高、后果严重的设备及场所，通过构建事故发生的演化规律，找出事故发生的特点、特征及属性，并提出有针对性、实用性的安全对策措施，为企业决策者和安全管理人员的风险管控提供参考。

2.1 燃气发电事故分析

发电行业是我国国民生产的支柱性产业，而且近些年来国民的生活生产过程对电力的使用需求逐步增加，因此电厂规模也在快速的发展，燃气电厂以清洁高效的特点也在持续快速发展。同时也暴露出许多由于管理不当、技术缺陷、操作失误、设备故障等产生的燃气泄漏火灾、锅炉燃烧室爆炸、燃气轮机喘震等安全生产问题。

燃气电厂在我国规模虽然不及传统燃煤发电，也凭借燃气发电运行稳定的特点安全生产事故并不多见，但由于技术不成熟也会导致一些安全生产事故的发生。典型事故案例见表 2-1。

表 2-1　燃气发电典型事故案例分析

序号	事故	时间	地点	原因	后果
1	燃气锅炉符合调试发生爆炸	2004 年 9 月 23 日	河北新兴铸管股份有限公司	违章作业致使大量天然气通过三个电动闸阀进入并充满炉膛、烟道及烟囱且到达爆炸极限	13 人死亡，8 人受伤
2	压气机叶片断裂	2008 年 6 月	珠江天然气发电有限公司	压气机存在质量缺陷，缺少必要的试验校核，不能适应频繁启停、变工况运行	机组压气机导叶全部损坏，缸体受损
3	启动锅炉房附属建筑增压站 MCC 控制间内发生燃气爆燃事故	2012 年 6 月 6 日	北京太阳宫燃气热电有限公司厂区	防止天然气逆流的止回阀损坏失灵；太阳宫燃气热电有限公司发电部运行丙值巡检员违章操作	2 人死亡，1 人重伤
4	机组发生跳闸	2013 年 12 月 4 日	上海燃机电厂	西门子监控系统的网络设备故障导致单台机组跳闸，更换功能相异的网络设备导致其他两台机组跳闸	全厂对外停电

(1)燃气发电事故统计

燃气发电设备是整个发电过程的核心，而燃气发电设备是以高温高压的形式进行电力生产，所以对设备的损害较大。又由于在我国燃气发电主要作为调峰使用，经常性的停启使用，加重了燃气设备损伤，极易造成生产事故或者设备故障。某电厂 2007—2012 年间燃气发电厂 M107F 型燃气轮机设备的运行故障统计分析如图 2-1 所示。

(2)燃气轮机事故统计

燃气发电设备发生事故次数不高，但其后果较为严重。对于燃气轮机来说，燃气轮机是主要发电设备。目前我国对于燃气轮机的生产技术还没有完全掌握，多数设备依靠进口，且维修保养依靠国外的供货厂家进行。通过对数据(如图 2-2 所示)的统计分析，再结

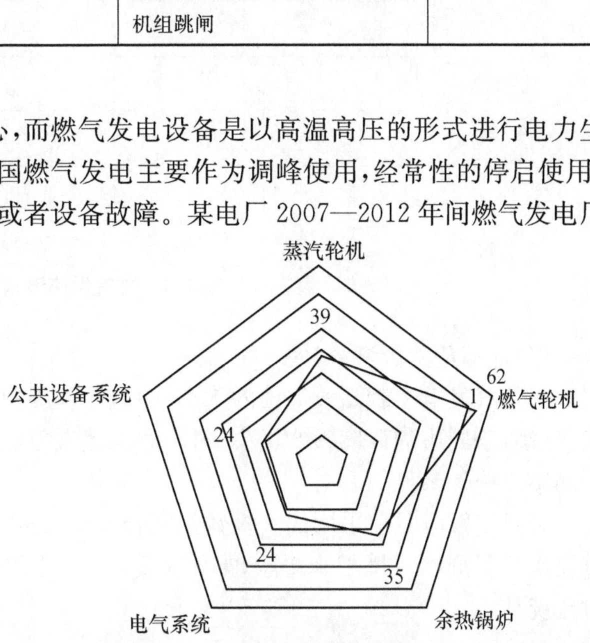

图 2-1　燃气发电设备事故统计

合相关的燃气发电事故案例可知，质量问题主要有叶片断裂、燃烧器故障、燃烧通道质量缺陷、轴承振动等。

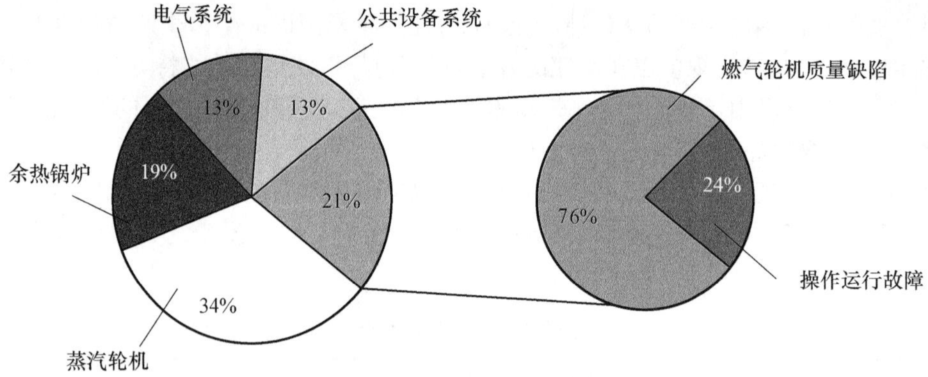

图 2-2　燃气轮机事故统计

(3)天然气事故统计

天然气作为燃气发电的燃料供应，与我们日常生活中使用的天然气有相似之处，都是通过燃气输送管道将天然气，经过调压站进行燃气的过滤、调压处理。我国近几年的燃气事故统计，如图 2-3 所示。尽管天然气是一种较为安全的燃料，但超过天然气储存当量限制的话它就成为一重大危险源，在安全生产过程中值得我们提高警惕。

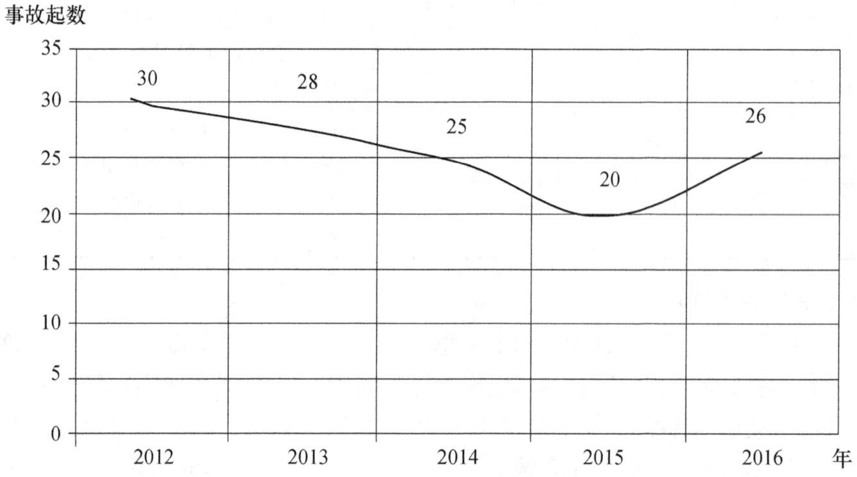

图 2-3　燃气供应设备事故统计

(4)环境危险因素统计

天然气发电有着高效清洁的优点，但也需要要排放烟气、污水处理等，相比传统的发电形式来说对于周边的环境影响很小，对不同天然气发电企业的烟气 SO_2、NO_2 等有害物质物排放检测结果统计参见图 2-4。

天然气发电目前采用的大多数是联合发电形式，所以会有蒸汽发电机组参与发电。水的排放也会对周围环境带来影响，如图 2-5 是燃气发电与燃煤发电循环水发电每兆瓦需求量的对比统计。

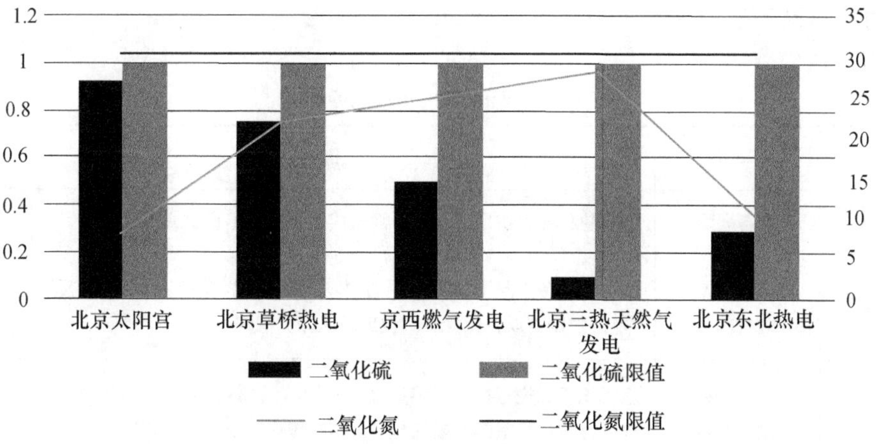

图 2-4 烟气污染物排放量(单位:mg/m^3)

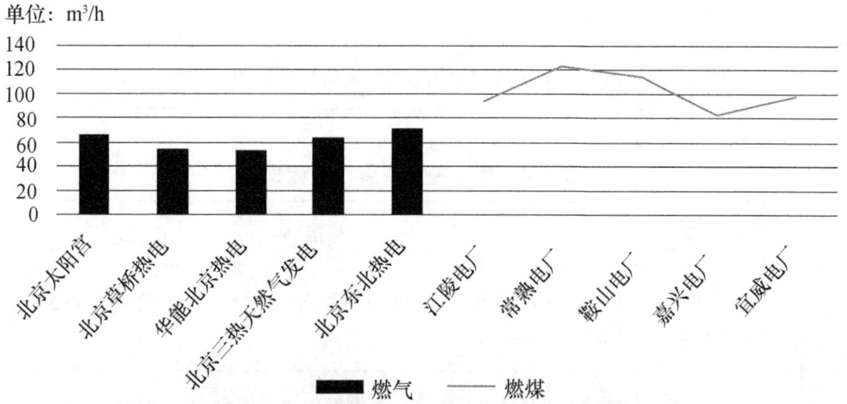

图 2-5 每兆瓦装机容量发电水循环需求量

2.2 燃气发电事故危险因素

燃气发电的安全生产事故时有发生,在日常运行过程当中大部分都是设备运行故障,也存在人的不安全行为和燃气线路燃气火灾的危险。对以往的相关事故案例从人、物、环、管分析,有效辨识出燃气发电企业存在的危险,可以对安全生产管理提供一些指导性建议。

(1)人的因素(表 2-2)

表 2-2 人的危险因素

主要危险	危险因素	原因	危险等级
蒸汽轮机大轴弯曲	误操作	运行人员监控调整不当,处理不果断,气温气压大幅度波动	Ⅱ级
天然气管线阀门开启不当	违章操作	未按规定关闭、打开阀门	Ⅲ级
燃气轮机点火启动失败	违章操作	未按操作要求进行开启步骤	Ⅱ级
压气机喘震	违章操作	燃机启动或停机时防喘放气阀没有打开	Ⅲ级
燃气发电机严重超速	违章操作	机组运行防超速保护装置未投入使用,调速失败	Ⅲ级

(2)物的因素(表2-3～表2-7)

表2-3 燃气轮机系统危险因素

主要危险	危险因素	原因	危险等级
喘震	设备缺陷	燃气轮机压气机由于各种原因造成空气流量不稳定或不足	Ⅲ级
严重超速	控制器、监控器设备缺陷	监控器设备缺陷不能及时预警燃机超速情况;监控器发出预警信号,但控制器设备没有及时做出超速保护措施	Ⅱ级
火灾爆炸	密封不良、设备缺陷	燃气轮机燃烧室在运行结束之后,没有释放燃烧室内的燃气,在下次运行时燃烧室内的燃气与空气达到爆炸极限,遇火源发生爆炸	Ⅲ级
叶片断裂	强度不够、应力集中	由于燃气轮机喘震造成叶片断裂;叶片本身材料力学性能存在缺陷	Ⅱ级
滑动轴承烧毁	外形缺陷	由于装配、制造等原因造成轴瓦磨损严重,升温烧损	Ⅱ级

表2-4 蒸汽轮机系统危险因素

主要危险	危险因素	原因	危险等级
物理爆炸、爆管	密封不良、刚度不够	压力升速过快,因水质问题在管路内造成堵塞,材料的力学性能不能满足设计要求	Ⅲ级
严重超速	控制器、监控器设备缺陷	监控器设备缺陷不能及时预警燃机超速情况;监控器发出预警信号,但控制器设备没有及时做出超速保护措施	Ⅱ级
叶片断裂	强度不够、应力集中	由于燃气轮机喘震造成叶片断裂;叶片本身材料力学性能存在缺陷	Ⅱ级
滑动轴承烧毁	外形缺陷	由于装配、制造等原因造成轴瓦磨损严重,升温烧损	Ⅱ级

表2-5 余热锅炉系统危险因素

主要危险	危险因素	原因	危险等级
物理爆炸、爆管	密封不良、刚度不够	压力升速过快,因水质问题在管路内造成堵塞,材料的力学性能不能满足设计要求	Ⅲ级
高压介质泄漏	密封不良	压力大于设计压力,在管路与管路或设备连接处法兰密封不良存在泄漏危害	Ⅲ级

表 2-6 天然气系统危险因素

主要危险	危险因素	原因	危险等级
天然气输送管道、配套设备、阀门泄漏	强度不够、密封不良	管道质量和施工质量影响、缺乏应有的维护与检测措施；阀门发生泄漏；配套设备防腐不良或不腐，造成腐蚀穿孔；阀门、接头安装不好，密封不严密，密封件因质量问题老化、损坏	Ⅲ级
天然气输送管道、配套设备火灾爆炸	电火花、明火	供气系统周围有火种或其他可燃物；气体检测装置失灵或未安装；输气管道受外力冲击，造成管道破裂，管道破裂引起大量气体外逸，与空气混合形成爆炸性混合物，遇明火、高热能引起燃烧爆炸，造成管道严重受损和人员伤亡	Ⅳ级

表 2-7 电气系统危险因素

主要危险	危险因素	原因	危险等级
厂用变压器、厂区高低压线路	电伤害	过载、短路发生后产生强电流和高温，引燃导体；未按操作规程操作或带电拉闸，由电弧引起火灾，造成人员伤亡、财产损失	Ⅱ级
低压电器设备、电气线路	漏电、带电部位裸露	设备、线路老化，绝缘损坏；接地或接零保护失效，人员触及后造成人员伤亡	Ⅱ级
高压电器设备	带电部位裸露	高压柜操作和维护通道过小，带电部位裸露；操作人员没有必要的防护措施，造成人员伤亡	Ⅱ级
主变压器、厂用高压工作变压器启变压器	漏电、电火花、带电部位裸露	变压器油泄漏遇明火引发火灾；绝缘损坏，绝缘油油质不佳，油量过少；导线接触不良；雷击过电压；负载短路；接地不良；运行温度过高，造成财产损失、人员伤亡	Ⅲ级

(3)环境因素(表 2-8)

表 2-8 环境因素

主要危险	危险因素	原因	危险等级
燃气轮机设备燃气泄漏	空气不良	燃气轮机运行结束后排放燃烧室内的未燃烧燃气	Ⅰ级
天然气管线，连接部位	空气不良	发生泄漏	Ⅰ级
燃气轮机尾气输送、排放	空气不良	天然气燃烧后存在二氧化硫、二氧化氮气体	Ⅰ级

(4)管理因素(表 2-9)

表 2-9 管理因素

主要危险	危险因素	原因	危险等级
施工	监管力度不到位	施工后未进行施工质量检查	Ⅱ级
施工工作票	工作票管理缺陷	施工工作内容未进行审核	Ⅱ级

2.3 工艺过程危险因素

通过事故调查和分析,我们对燃气发电企业的风险有了进一步的认识,为了更清晰地表明燃气电厂存在的主要风险,可以以工艺流程图的形式体现,如图 2-6 所示。

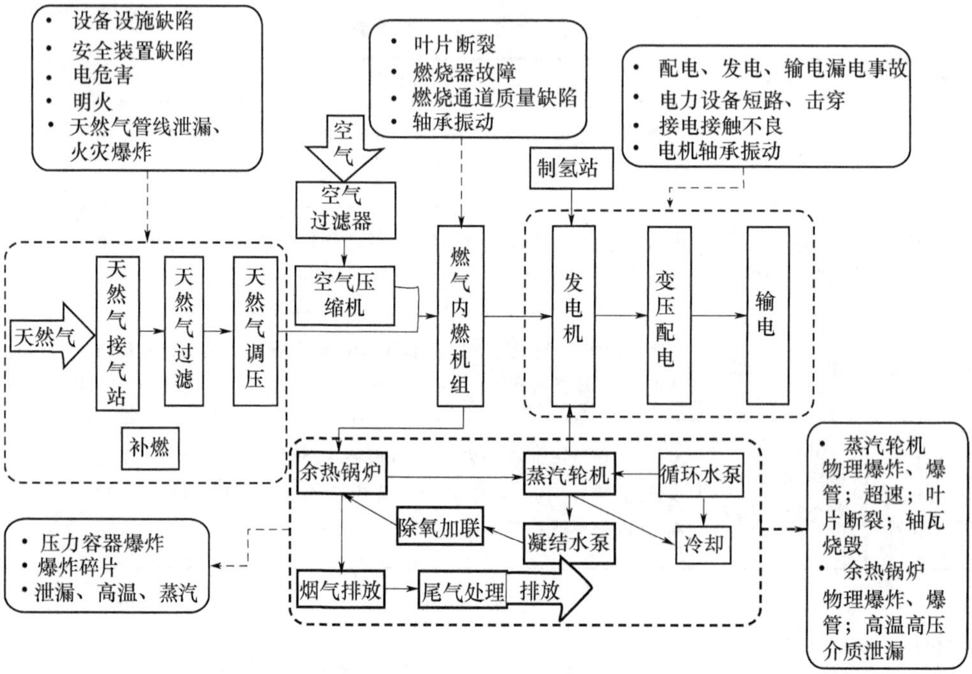

图 2-6 工艺流程

基于上述对燃气发电企业工艺流程的分析,可知燃气电厂内燃气轮机、蒸汽轮机是事故多发的设备且造成的危害后果比较严重。燃气系统事故发生的次数较少,但一旦发生事故其危害的后果很严重。余热锅炉、电气系统、环境因素、人为因素、管理因素,也是影响燃气电厂安全运行的重要危险因素。综上所述,需要从"人—物—环—管"四个方面全面地分析燃气电厂存在的主要风险及其风险原因,据此绘制成图 2-7 所示的风险模型。

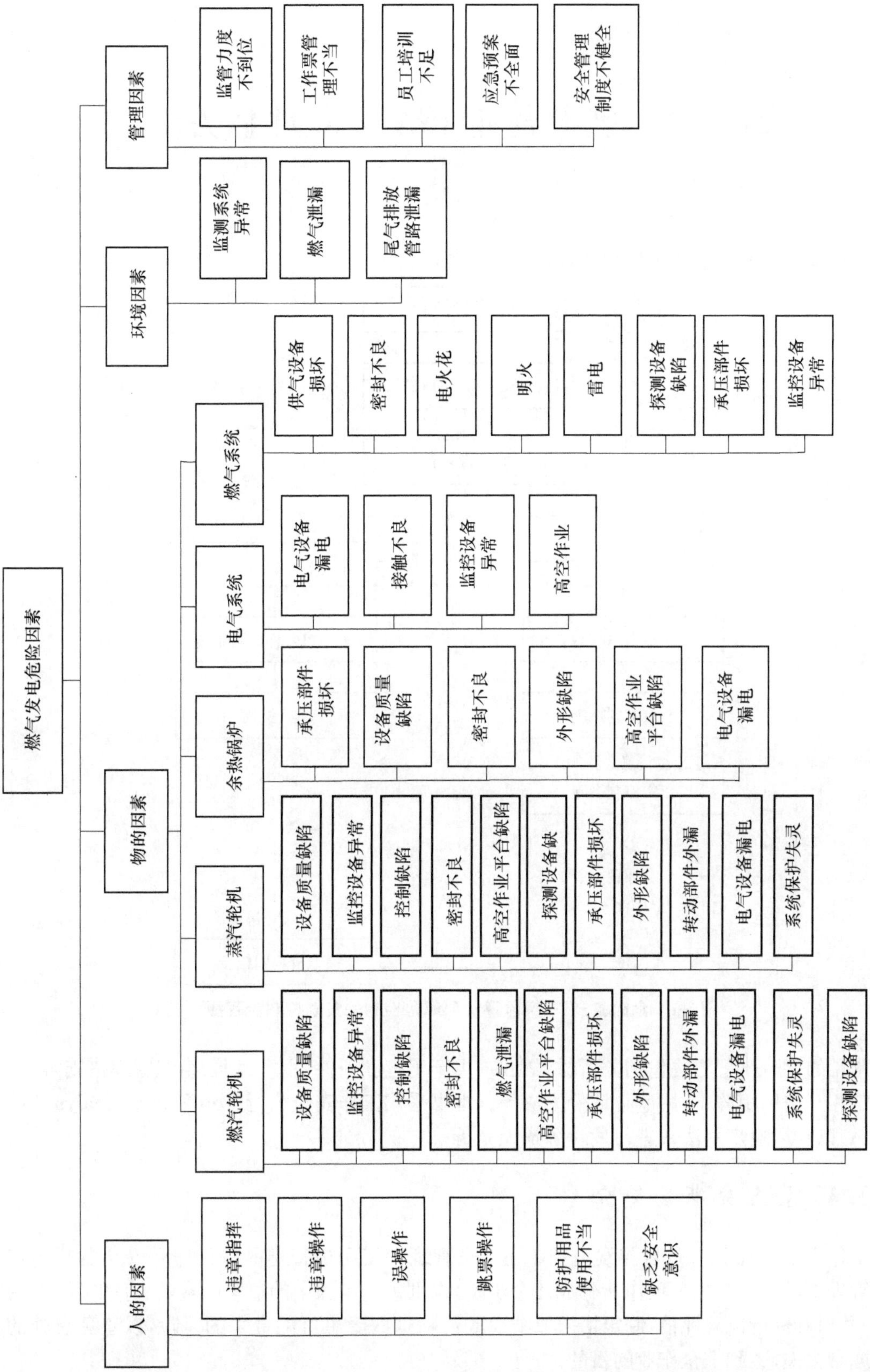

图2-7 燃气发电危险因素

第 3 章　燃电企业 JSA 风险评估方法

燃气发电企业风险分析控制流程如图 3-1 所示。

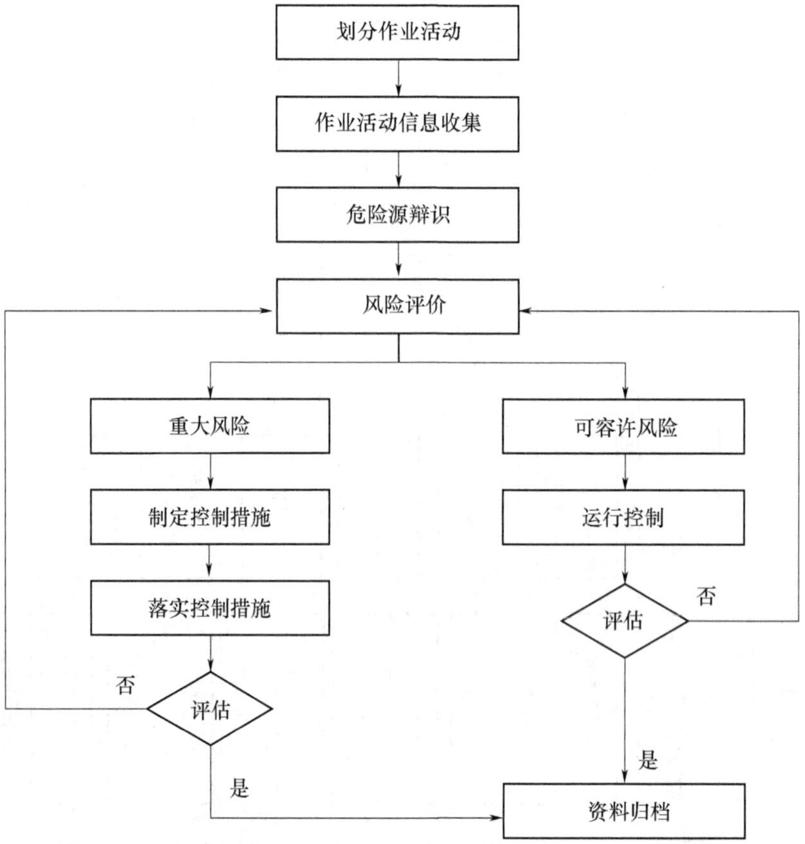

图 3-1　危险源辨识、风险评价和风险控制的策划控制流程图

常用的危险辨识方法包括分析材料性质、生产工艺和条件、生产经验、组织管理措施等，以及制定相互作用矩阵、应用危险评价方法等。本书采用工作安全分析(Job Safety Analysis，简称 JSA)以及风险矩阵法来进行危险源辨识分析。

3.1　JSA 分析法简介

工作安全分析 JSA 是目前欧美企业在安全管理中使用最普遍的一种作业安全分析与控制的管理工具。JSA 把一项作业分成几个步骤，识别每个步骤中的危害因素(已有的或潜在的隐患)并对其进行风险评估，制定措施以减少或消除这些隐患可能带来的风险，以避免意外的伤害或者损失，达到安全作业的目的。

3.2 JSA分析法的作用

开展工作前安全分析(JSA),可以帮助员工识别和找到以前忽略的危害因素,从而更有效地防止伤害事故的发生。通过事前培养思考安全的行为,使员工按照工作程序进行工作,养成安全工作的习惯。一个好的JSA甚至可以变成正式作业程序的一部分。其作用总结如下:

(1)消除重大的危害;

(2)实现规章和政策的需要;

(3)将整个团队纳入管理;

(4)改善对危害的认识或增强识别新危害的能力;

(5)确保控制措施有效并得到落实;

(6)持续改善安全标准和工作条件;

(7)减少事故。

3.3 JSA的特点

JSA与其他风险评价方法相比具有以下鲜明的特点:

(1)简单、灵活、实用,操作性强;

(2)易学易会,所有员工都可掌握,可行性强;

(3)可紧密结合工作实际,针对性强;

(4)可以在作业前即时分析,时效性强;

(5)分解作业步骤,明确工作流程,流程性强;

(6)口头JSA可与任务分配和班前会相结合,灵活性强;

(7)可以成为日常工作的一个固定的程序和部分,规范性强;

(8)将风险管理细化到每一项具体工作或作业,具体性强;

(9)由作业者本人识别和管理自己作业中的风险,自主性强。

3.4 JSA的应用范围

(1)评估现有的作业;

(2)新的作业;

(3)改变现有的作业;

(4)非常规性的作业;

(5)相关方作业;

(6)周期较长的作业;

(7)无操作程序的作业;

(8)其他高风险作业。

下述情况下不适宜开展JSA:

(1)低风险作业在充分考虑了作业环境的前提下,如果由能胜任的员工进行操作,可不进行JSA;

(2)已经做过JSA且通过评审修正后的重复作业,经审查之前的JSA可行后,可不做新的 JSA；

(3)作业的危害与风险皆明确的情况下，可不做 JSA，但要视情况具体分析；

(4)需用其他专门的方法进行危害分析的工作，可不做 JSA，如工艺安全管理、消防安全等。

3.5 JSA 的执行人及执行形式

应该由以下人员组成团队共同开展 JSA 的分析：

(1)主管——现场负责人。

(2)员工——作业人员。

(3)受影响的人——相关岗位人员。

(4)有知识和经验的人——技术员、安全员。

JSA 常见的执行形式包括以下三种：

(1)集体讨论

多个有作业经验的人员在一起对所从事的工作进行讨论，分解作业步骤，识别潜在危害，评估风险，制定相应的控制措施。集体讨论为最常见的执行形式。

(2)直接观察

对作业人员的工作过程进行观察，记录工作流程并评估可能的风险。

(3)回忆与分析评估

有经验的作业人员回忆并记录作业的步骤，分析潜在风险并提出控制措施。分析评估的结果与其他相关人员进行讨论交流。回忆与分析评估不推荐用于复杂的工作。

3.6 JSA 分析法实施步骤

JSA 分析法的实施步骤如图 3-2 所示。

(1)选定作业活动

现场作业人员均可提出需要进行 JSA 的工作任务，并由现场作业负责人进行审核。

① 由现场作业负责人判断是否需要做 JSA。

原则上，所有的作业都应进行作业风险分析，但是如果作业风险较低且由胜任的人员来完成，虽然仍需要进行口头的风险分析，但无须正式记录风险评价过程。至少以下作业需要进行书面的工作前安全分析：

- 新的作业，以前没有做过或分析过的作业；
- 非常规作业、临时性的作业，如动火作业、检维修作业；
- 评估现有的作业；
- 改变现在的作业；
- 无程序管理、控制的作业；
- 有程序控制，但工作环境变化或工作过程中可能存在程序未明确的危害；
- 相关方作业，由承包商员工来完成的工作任务。

② 明确执行 JSA 的人员，成立 JSA 小组。

危害因素辨识是否充分和合理，很大程度上取决于参与危害因素辨识人员的知识、能力、经验和素养,因此,JSA 小组的确定是实施 JSA 工作中的关键环节。在开展 JSA 分析工作前首先要成立 JSA 小组,明确小组长和各工作成员及其职责。

JSA 小组组长:JSA 小组组长通常由作业现场负责人指定,由完成工作任务的班组长、技术或设备负责人担任,并共同选择 JSA 小组的成员。

JSA 小组:JSA 小组的组成取决于人员对工作任务的熟悉程度,人员的选择应尽可能从管理、设备、工艺、技术、安全、电气、操作等专业方面考虑。

③ 开展准备工作,明确工作计划。

在 JSA 正式开始前,小组所有成员应根据自己的判断收集所有的作业背景资料,作为 JSA 开始的准备工作。小组还应该实地考察工作现场,通过实地考察可以看到工作区域的实际布局和当时工作现场的情况。另外应该特别注意工作区域内的其他设施和设备,辨识其他正在进行或计划进行的活动,因为他们将影响即将开始的 JSA,还应审查以前的 JSA 和现在的程序。

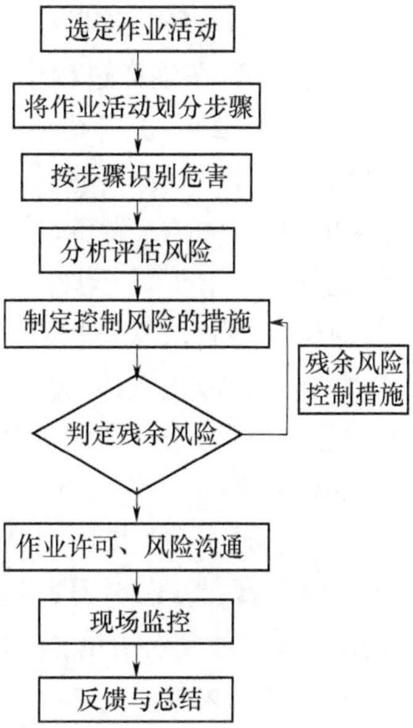

图 3-2 JSA 分析法的实施步骤

在准备过程中,应考虑以下问题:

· 本次工作任务的目的是什么?

· 以前此项工作任务中出现过健康、安全与环境问题和事故吗?

· 实施此项工作任务的关键环节是什么?

· 作业的事件或次序是否影响生产?

· 工作中是否使用新设备?

· 谁来完成此项任务? 他们是否有足够的知识技能?

· 员工是否单独完成作业?

· 什么时候实施该作业? 白天还是晚上(照明、人员疲劳的影响)? 在一年中哪个季节实施(天气/气候的影响)?

· 这个工作任务的具体地点在哪里? 是否可以转移到一个安全的地点完成?

· 是否需要作业许可及确定作业许可的类型?

· 是否有严重影响本工作任务安全的交叉作业?

(2)作业活动分解

分解步骤时应注意:

① 不可过于笼统;

② 不可过于细节化;

③ 步骤划分不要太细或太笼统,最好能控制在 5～10 步之内;

④ 按工作顺序把一项作业分成几个步骤,每一步骤要具体而明确;

⑤ 可参照原来的标准操作程序进行;

⑥ 步骤确认,可以使用录像和照片帮助说明。

(3)按步骤识别危害

可从“人—物—环—管”四个方面开展危险源辨识。

① 人的因素：在生产过程中，来自人员自身或人为性质的危险和有害因素，包括心理、生理性危险和有害因素（负荷超限、健康状况异常、人事禁忌作业、心理异常、辨识功能缺陷）；行为性危险和有害因素（指挥错误、操作错误、监护失误、其他）。

② 物的因素：机械、设备、设施、材料等方面存在的危险和有害因素，包括物理性危险和有害因素（设备、设施、工具、附件缺陷，防护缺陷，电伤害，噪声，振动伤害，电离辐射，非电离辐射，运动物伤害，明火，低温物质，信号缺陷，标志缺陷，有害光照）；化学性危险和有害因素（爆炸品、压缩气体和液化气体、易燃液体、易燃固体/自燃物品、有毒品、放射性物品、腐蚀品等）；生物性危险和有害因素（致病微生物、传染病媒介物、致害植物等）。

③ 环境因素：生产作业环境中的危险和有害因素，包括室内作业场所环境不良；室外作业场地环境不良；地下（含水下）作业环境不良；其他作业环境不良等。

④ 管理因素：管理和管理责任缺失所导致的危险和有害因素，包括机构不健全、责任制未落实、制度不完善、投入不足、管理不完善等。

（4）分析评估风险

可采用风险矩阵法进行危险源风险评估。风险矩阵法是根据事故发生的可能性及其可能造成的损失的乘积来衡量风险的大小，其计算公式是：

$$D=P\times S$$

式中，D 为风险值；P 表示事故发生可能性；S 表示事故可能造成的损失。

其具体的衡量方式和赋值方法见图 3-3。

图中将损失分为 6 类（即 A—F），依次递减赋值为（6—1）；事故发生的可能性也分为 6 类（即 G—L），依次递减赋值为（6—1）。

根据风险值的大小，可将风险分为 5 个等级，详见风险矩阵表。

使用说明：

① 事故发生“可能性”的确定方法。对于事故发生“可能性”的确定需要根据以往事故统计或经验来模糊判断。

② “损失”的确定方法。对“可能造成的损失”的确定需要建立在假设的基础之上，即假设在事故实际发生的情况下，估计会造成什么样的损失。如事故发生后可能造成的后果是多个，按照风险管理的要求，取各种后果中最为严重的一个来确定“可能造成的损失”。对照风险矩阵及风险等级划分表，赋予相应的值。

③ 风险值的确定方法。风险值=可能性×损失。

④ 风险等级的确定方法。将计算得出的风险值与风险矩阵及右下方的“风险等级划分表”对照即可得到相应的风险等级。

一般风险（Ⅱ级）　中等风险（Ⅲ级）　重大风险（Ⅳ级）　特别重大风险（Ⅴ级）　低风险（Ⅰ级）

风险矩阵						有效类别	赋值	可能造成的损失：人员伤害程度及范围	由于伤害估算的损失/元	环境污染	法规及规章制度符合状况	公司形象受损程度或范围
6	12	18	24	30	36	A	6	多人死亡	5000万以上	发生省级及其以上有影响的污染事件	违反法律法规、强制性标准	产生国内及国际影响
5	10	15	20	25	30	B	5	一人死亡	1000万到5000万	发生市级有影响的污染事件	不符合行政法律法规	影响限于省级范围内
4	8	12	16	20	24	C	4	多人受严重伤害	300万到1000万	污染波及相邻公司	不符合部门规章制度	影响限于城市范围内
3	6	9	12	15	18	D	3	一人受严重伤害	100万到300万	污染限于厂区，紧急措施能处理	不符合集团公司规章制度	影响限于集团公司范围内
	4	6	8	10	12	E	2	一人受到伤害，需要急救；或多人受轻微伤害	20万到100万	设备局部、作业过程局部受污染，正常治污手段处理	不符合公司规章制度	影响限于公司范围内
	2	3	4	5	6	F	1	一人受轻微伤害	0到20万	没有污染	完全符合	无影响

赋值	1	2	3	4	5	6
有效类别	L	K	J	I	H	G
发生的可能性	不可能	极不可能发生	过去偶尔发生	过去曾经发生或在异常情况下发生	常发生或在预期情况下发生	在正常情况下经常发生
发生可能性的衡量（发生频率）	估计从不发生	10年以上可能发生一次	10年内可能发生一次	5年内可能发生一次	每年可能发生一次	1年内可能发生10次或以上
管理措施	时时检查，有操作规程，并严格执行	每日检查；有操作规程，并执行	每周检查；有操作规程但偶尔不执行	每月检查；有操作规程，只是部分执行	偶尔检查或大检查；有操作规程，但只是偶尔执行（可操作规程内容不完善）	从来没有检查；没有操作规程
员工胜任程度	高度胜任（培训充分，经验丰富，意识强）	较胜任，偶然出差错	能胜任，出差错频次一般	一般胜任（有上岗证，有培训，但经验不足，多次出差错）	不够胜任（有上岗资格证，但没有接受有效培训）	不胜任（无任何培训、无任何经验、无上岗资格证）
设备设施现状	运行优秀	运行良好，基本不出故障	运行后期可能出故障	过期未检，偶尔出故障	超期服役，经常出故障　不符合公司规定	带病运行，不符合国家、行业规范
监测、控制、报警、锁、补救措施	有效防范控制措施	有，偶尔失去作用或出差错	有，仍然存在失去作用或出差错	有，但没有完全使用（如个人防护用品）	防范、控制措施不完善	无任何防范或控制措施

风险等级划分表

风险值	风险等级	备注
30~36	特别重大风险	Ⅴ级
18~25	重大风险	Ⅳ级
9~16	中等风险	Ⅲ级
3~8	一般风险	Ⅱ级
1~2	低风险	Ⅰ级

图3-3 风险值与风险矩阵及风险等风划分表

(5)制定风险控制措施

风险控制措施主要包括工程控制与管理控制。工程控制措施可以彻底消除危险,管理控制措施可以降低危害的程度。

① 工程控制

· 消除和替代:工作必须这么干吗?能使用别的东西替代来降低风险吗?如用机械操作代替手工操作等,无毒代替有毒、低毒代替高毒、减少重量和尺寸等。

· 封闭和隔离:能否把危险源封闭起来?能否使用围栏阻止人员进入危险区?如隔音房、防护罩、通道控制、安全距离、能源隔离等。

· 稀释:能否减少危害物质的浓度?如现场加强通风、局部通风等。

② 管理控制

· 工作程序:所使用的程序能降低风险吗?如工作许可证、安全检查表、工作风险评估等。

· 减少暴露在风险中的人员和时间:限制人数和控制时间、在夜间或周末、工作场地选择、人员轮换工作等。

· 监控和报警系统:需要有人监督吗?危害出现是否能及时知道?设看火人、现场报警系统。

· 培训:员工知道工作中的危害吗?工作技能足够吗?进行危害告知,技能培训。

· 个人防护用品(PPE):对将要进行的工作,PPE 合适和足够吗?发放安全带、安全鞋、安全帽、呼吸器、防护手套、防护眼镜、面罩等。

(6)分析残余风险

分析现有控制措施未考虑到的风险——残余风险,制定补充改进措施。如氮气置换中还有哪些残余风险?这些风险需要制定防范措施吗?比如:氮气是否纯净?是否已经置换完全?是否存在交叉作业?静电接地是否经过严格检测?电气设备是否有漏电保护?

(7)作业许可和风险沟通

成功的作业安全分析取决于成功的沟通,召开作业前安全会,让员工分析讨论作业危害。作业前安全会的 4 个功能如下。

① 让每位员工了解:

· 工作的详细步骤安排和相邻相关工作的安排;

· 每个步骤的潜在危害;

· 控制危害的措施;

· 每项工作的具体时间和负责人。

② 鼓励员工提出建议。

③ 让所有参与作业的人取得一致意见;如果不能达成一致,不要开始作业。

④ 如果作业计划、人员或条件改变,则应重新评估作业风险,否则应立即停止作业。

(8)现场监控

① 办理许可证的作业:应指定相应的监护人,负责整个作业过程的监护;

② 无作业许可要求的作业,应由 JSA 小组组长或其指定人员对作业过程进行巡查;

③ 如果作业过程中出现新的危害或发生未遂事件、事故,应首先停止作业任务,JSA 小组应立即审查先前的 JSA,重新进行 JSA。

(9)反馈与总结

① 收集现场作业人员对 JSA 使用的反馈意见。

② 确保员工遵守 JSA 中的程序和安全作业标准。

③ 考虑是否需要重新评估 JSA。

④ 所有完成的 JSA,需要由现场负责人签字确认。

⑤ 所有完成的 JSA 都应存档,建立 JSA 数据库,为下次使用提供参考。

3.7 JSA 分析表格

示例参考表 3-1。

表 3-1 *****作业(**操作)危险源辨识及控制措施表(JSA)**

日期:

工作名称/任务:	地点:	编号:
部门:	主管人:	工作执行人职务:
编制:	审查:	批准:

作业环境条件

□室内 □室外 □冷 □热 □湿 □灰尘 □水汽 □噪声 □震动 □天气状况不良 □其他

基本工作行动

□举重 □抓取 □推 □坐 □伸展 □弯曲 □跪 □直立 □拖 □蹲 □攀爬 □其他

序号	工作步骤	潜在危险(每一步骤存在的风险或隐患)	危害原因	风险评估				风险控制措施(采取何种控制措施来防止事故发生)	备注(其他需说明的情况)
				可能性	损失	风险值	风险等级		
1									
2									
3									

注:本工作表格要求将整个系统划分为若干子系统(单元);参照同类产品或类似的事故教训及经验,查明分析单元可能出现的危险因素;确定危险的起因、后果;分析危险等级;并提出消除或控制危险的对策,当危险不能控制的情况下,分析得出最佳损失预防措施。

第4章　燃电企业运行期间JSA风险评估应用实例分析

本章以北京市京丰燃气发电企业为例，开展风险评估应用。北京市京丰燃气发电企业现有1×410 MW燃气蒸汽联合循环发电机组，在燃气轮机尾部布置的余热锅炉与典型的燃煤机组锅炉结构不同，在设备管理上与典型的燃煤锅炉有明显的区别，作为燃气发电企业进行研究具有代表性。京丰燃气发电企业为北京市云岗周边地区250余万平方米提供采暖供热。由于采暖供热任务具有周期性，企业的燃气机组秋冬季运行，春夏季维修。本章选取运行期间共计23个典型工种开展JSA分析。

运行期间的作业清单如表4-1所示，共包含23个典型作业，分为电气操作与热机操作。

表4-1　JSA运行操作类清单

序号	操作类型	作业名称
1	DQS	发电机并网（设备状态转换：由冷备用状态转为运行状态）
2	DQS	主变压器系统停电（设备状态转换：由运行状态转为检修状态）
3	DQS	主变压器系统送电（设备状态转换：由检修状态转为运行状态）
4	DQS	110 kV四母线送电（设备状态转换：由检修状态转为运行状态）
5	DQS	110 kV四母线停电（设备状态转换：由运行状态转为检修状态）
6	DQS	厂用电倒至220 kV系统带（设备状态转换：无状态转换）
7	DQS	厂用电倒至0＃乙启备变带（设备状态转换：无状态转换）
8	DQS	高压给水泵测绝缘（设备状态转换：由运行状态转为冷备用状态，由冷备用状态转为运行状态）
9	DQS	厂用6 kV B段母线停电（设备状态转换：由运行状态转为检修状态）
10	DQS	燃机离线水洗
11	RJS	制氢系统启动
12	RJS	调压站天然气系统置换（氮气置换空气）
13	RJS	调压站压缩机启动
14	RJS	调压站压缩机停机
15	RJS	调压站天然气系统置换（氮气置换天然气）
16	RJS	燃机启动
17	RJS	燃机正常停机
18	RJS	锅炉点火启动
19	RJS	锅炉停炉

续表

序号	操作类型	作业名称
20	RJS	发电机充氢
21	RJS	发电机排氢
22	RJS	调压站天然气系统置换(天然气置换氮气)
23	RJS	热网系统投运

注:DQS——电气操作;RJS——热机操作。

4.1 电气操作 JSA 分析

4.1.1 发电机并网作业(表 4-2)

表 4-2 发电机并网作业危险源辨识及控制措施表(JSA)

日期:

工作名称/任务:	地点:	编号:
部门:	主管人:	工作执行人职务:
编制:	审查:	批准:

作业环境条件

□室内 □室外 □冷 □热 □湿 □灰尘 □水汽 □噪声 □震动 □天气状况不良 □其他

基本工作行动

□举重 □抓取 □推 □坐 □伸展 □弯曲 □跪 □直立 □拖 □蹲 □攀爬 □其他

序号	工作步骤	潜在危险	危害原因	风险评估				风险控制措施	备注
				可能性	损失	风险值	风险等级		
一、操作准备									
1	接收指令,确定操作对象	(1)误操作; (2)设备损坏、火灾; (3)触电、电弧灼伤; (4)对电网运行产生影响; (5)操作无法进行	(1)工作项目遗漏、增添或乱序; (2)操作对象不明确	I4	E2	8	一般	(1)监督人员下达指令清晰、准确,操作人员正确复诵操作任务; (2)操作人员具体操作前反复确认此步骤作用对象	
2	核对设备运行方式		未正确确定设备运行方式	I4	D3	12	中等	(1)正确核对现场设备名称及标牌; (2)检查设备远方画面和就地状态正常	
3	在 ERP 系统中填写操作票或调用典型操作票		操作票填写错误、调用典型操作票错误	I4	D3	12	中等	正确填写或调用典型操作票,审核正确	
4	穿戴(合适个人)防护用品		个人防护用品佩戴不规范	I4	F1	4	一般	正确佩戴安全帽,穿工作服、绝缘靴,戴绝缘手套	

续表

序号	工作步骤	潜在危险	危害原因	风险评估				风险控制措施	备注
				可能性	损失	风险值	风险等级		
5	选择操作用具并检查		安全用具电压等级选用不正确；安全用具失效且未被检查出	T4	F1	4	一般	(1)选择正确的电压等级的安全用具； (2)安全用具有统一、清晰的编号及试验合格编号，试验合格，在有效期之内； (3)绝缘部分的表面无裂纹、破损或污渍； (4)绝缘手套卷曲充气检查不漏气，无机械损伤，试验合格，在有效期之内； (5)绝缘靴表面无裂纹、破损，试验合格，在有效期之内； (6)携带型短路接地线导线、线卡及导线护套符合标准要求，固定螺丝无松动现象； (7)携带型短路接地线的编号应明显，并注明适用的电压等级； (8)验电器的自检正常	
6	建立通信联系		通信不畅	I4	F1	4	一般	使用通信设备（对讲机、现场电话），正常	
7	智能“两票”系统检查		智能“两票”系统故障	J3	F1	3	一般	更换 pad 进行操作	
二、发电机并网作业									
1	开关、刀闸操作	(1)触电、电弧灼伤； (2)其他人身伤害（中暑、听力受损）； (3)设备损坏； (4)电气火灾； (5)爆炸； (6)六氟化硫气体中毒	(1)误拉、合开关、刀闸； (2)快切装置未投入使用； (3)六氟化硫气体泄漏； (4)检查人员漏项跳项； (5)检查人员走错间隔	I4	B5	20	重大	(1)严格根据操作票核对设备名称及编号，防止走错间隔，确保设备处于正确状态，且正确使用微机五防装置； (2)操作前核对操作票执行顺序，禁止跳项漏项，严格按照要求使用微机五防闭锁； (3)严格执行唱票复诵、监护制度； (4)进入工作场所前，佩戴好个体防护装备，并根据操作内容的不同进行调整； (5)注意六氟化硫气体压力，发现泄漏立即停止操作并设置警戒线	

续表

序号	工作步骤	潜在危险	危害原因	风险评估				风险控制措施	备注
				可能性	损失	风险值	风险等级		
2	TCS上操作	设备异常、故障(非同期并网,损坏设备、电网冲击等)	误选画面、设备或误点击导致设备出现异常或故障	I4	C4	12	重大	(1)操作前操作人在电脑上认真核对设备名称、编号及状态; (2)操作时操作人用手指屏幕复诵,待监护人确认后方可进行操作; (3)操作人员身体状况异常,思想不集中或者情绪波动较大,技术达不到正确操作时,监护人员应要求其立即停止操作,更换合格的人员再进行操作; (4)电脑设备一旦出现故障或异常立即停止操作,查明原因并处理后再操作;若无法处理,应立即关闭设备	
三、作业环境									
1	高温	(1)中暑; (2)火灾(氢气泄漏); (3)爆炸	(1)工人在高温环境下工作时间过长; (2)设备异常、导热受阻	G6	C4	20	重大	(1)高温场所长时间作业时应穿戴隔热服等劳保用品; (2)高温场所配备充足的饮用水及防暑降温用品; (3)作业区间应配备通风设施,确保空气流通顺畅; (4)严格遵守《工作场所有害因素职业接触限值》(GBZ 2.2—2007)对高温工作区域进行排班	
2	噪声(燃机)	听力损伤	(1)设备运行时产生的噪声过大; (2)工人在噪声环境下工作时间过长	J3	F1	2	低	进入高噪声场所需佩戴耳塞等防噪降噪用品	

4.1.2 主变压器系统停电作业(表 4-3)

表 4-3 主变压器系统停电作业(主变压器系统停电操作)危险源辨识及控制措施表(JSA)

日期：

工作名称/任务：	地点：	编号：
部门：	主管人：	工作执行人职务：
编制：审查：批准：		

作业环境条件

□室内 □室外 □冷 □热 □湿 □灰尘 □水汽 □噪声 □震动 □天气状况不良 □其他

基本工作行动曲

□举重 □抓取 □推 □坐 □伸展 □弯 □跪 □直立 □拖 □蹲 □攀爬 □其他

序号	工作步骤	潜在危险	危害原因	风险评估				风险控制措施	备注
				可能性	损失	风险值	风险等级		
一、操作准备									
1	接收指令，确定操作对象	(1)误操作； (2)设备损坏、火灾； (3)触电、电弧灼伤； (4)对电网运行产生影响； (5)操作无法进行	工作项目不清，操作目的不正确	I4	E2	8	一般	(1)下达指令清晰、准确，正确复诵操作任务； (2)明确操作目的	
2	核对设备运行方式		未正确确定设备运行方式	H5	D3	15	中等	(1)正确核对现场设备名称及标牌； (2)检查设备远方画面和就地状态正常	
3	在 ERP 系统中填写操作票或调用典型操作票		操作票填写错误、调用典型操作票错误	H4	D3	12	中等	正确填写或调用典型操作票，审核正确	
4	穿戴合适个人防护用品		个人防护用品佩戴不规范	H4	E2	8	一般	正确佩戴安全帽，穿工作服、绝缘靴，戴绝缘手套	
5	选择操作用具并检查		安全用具电压等级选用不正确；安全用具未认真检查	H5	B5	25	重大	(1)选择正确的电压等级的安全用具； (2)安全用具有统一、清晰的编号及试验合格编号，试验合格，在有效期之内； (3)绝缘部分的表面无裂纹、破损或污渍。 (4)绝缘手套卷曲充气检查不漏气，无机械损伤，试验合格，在有效期之内； (5)绝缘靴表面无裂纹、破损，试验合格，在有效期之内； (6)携带型短路接地线导线、线卡及导线护套符合标准要求，固定螺丝无松动现象；	

续表

序号	工作步骤	潜在危险	危害原因	风险评估 可能性	损失	风险值	风险等级	风险控制措施	备注
5	选择操作用具并检查							(7)携带型短路接地线的编号应明显,并注明适用的电压等级; (8)验电器的自检正常	
6	建立通信联系		通信不畅	H5	F1	15	一般	使用通信设备(对讲机、现场电话),正常	
7	智能“两票”系统检查		智能“两票”系统故障	H5	D3	15	中等	更换 pad 进行操作	
二、主变压器系统停电作业									
1	断路器、隔离开关操作	(1)触电、电弧灼伤; (2)人身伤害; (3)设备损坏; (4)六氟化硫气体中毒	(1)误拉、合断路器、隔离开关; (2)误碰带电体; (3)未完全隔离主变压器、#1、#2 高压厂用变压器; (4)六氟化硫气体泄漏	I4	B5	20	重大	(1)核对设备名称及编号,防止走错间隔,检查设备状态位置正确,且正确使用微机五防装置; (2)按照操作票顺序执行,禁止跳项操作; (3)严格执行唱票复诵、监护制度; (4)穿绝缘靴、戴绝缘手套; (5)注意监视六氟化硫气体压力,发现泄漏,立即停止操作,撤离并设置警戒线	
2	控制电源二次开关	(1)触电; (2)设备异常; (3)保护误动	(1)走错间隔; (2)误拉、误合	I4	D3	12	中等	(1)核对设备名称及编号,防止走错间隔,检查设备状态位置正确; (2)按照操作票顺序执行,禁止跳项操作; (3)严格执行唱票复诵、监护制度; (4)穿绝缘鞋,戴绝缘手套	
3	保护连接片投运与退出	(1)触电; (2)保护误动、拒动	(1)走错间隔; (2)误投、误退保护连接片	H5	C4	20	重大	(1)核对设备名称及编号,防止走错间隔; (2)严格执行唱票复诵、监护制度; (3)穿绝缘鞋,戴绝缘手套; (4)严格执行电子设备间管理制度; (5)验电时正确使用验电笔或万用表	
4	装设接地线	(1)触电、电弧灼伤; (2)设备损坏; (3)高处坠落	(1)走错工作地点; (2)未按照规定装设接地线; (3)爬梯较高较陡;	H5	D3	15	中等	(1)核对设备名称及编号,防止走错间隔; (2)装设接地线前,验电,无电压; (3)穿绝缘靴、戴绝缘手套;	

续表

序号	工作步骤	潜在危险	危害原因	风险评估				风险控制措施	备注
				可能性	损失	风险值	风险等级		
4	装设接地线	(1)触电、电弧灼伤； (2)设备损坏； (3)高处坠落	(4)高处作业时未使用安全带； (5)工具使用错误	H5	D3	15	中等	(4)上、下爬梯必须逐档检查爬梯是否牢固，上下爬梯必须抓牢，并不准两手同时抓一个梯阶； (5)高处作业，系好安全带； (6)使用较长的工具，如接电线辅助杆等，注意避开带电设备，保持足够的安全距离； (7)严格遵守先装接地端，再挂地线的顺序； (8)区分绝缘拉杆和导电杆，并正确使用	
5	DCS系统上操作	设备事故	误选画面、设备或误点击，导致设备出现异常或故障	H5	B5	25	重大	(1)操作前操作人在DCS系统上认真核对设备名称、编号及状态； (2)操作时操作人用手指屏幕复诵，待监护人确认后方可进行操作； (3)发现异常情况，停止操作，查明原因，并处理后，再进行操作；无法处理，应终止操作	
6	开关由工作位置摇至检修位置	(1)设备损坏； (2)触电、电弧灼伤	(1)开关故障； (2)开关位置不正确	I4	E2	8	一般	(1)操作前确认开关在分闸位，注意开关带电显示仪及信号灯指示； (2)操作机构出现异常，应立即停止操作； (3)戴绝缘手套，穿绝缘靴； (4)检查室内湿度，湿度过大应采取相应措施； (5)摇开关时需将开关门关好； (6)不得随意解除机械闭锁，严格按照操作步骤，先停二次电源后，再进行摇开关操作	
三、作业环境									
1	室内潮湿	(1)设备损坏； (2)触电、电弧灼伤	(1)通风不良； (2)绝缘破坏，信号干扰	G6	E2	12	中等	(1)检查室内湿度在合格范围内； (2)加强通风，除潮器工作正常； (3)按现场要求，禁止使用无线通信工具时，使用现场电话联系	

4.1.3 主变压器系统送电作业(表 4-4)

表 4-4 主变压器系统送电作业(主变压器系统送电操作)危险源辨识及控制措施表(JSA)

日期：

工作名称/任务：	地点：	编号：
部门：	主管人：	工作执行人职务：
编制：	审查：	批准：

作业环境条件

□室内 □室外 □冷 □热 □湿 □灰尘 □水汽 □噪声 □震动 □天气状况不良 □其他

基本工作行动

□举重 □抓取 □推 □坐 □伸展 □弯曲 □跪 □直立 □拖 □蹲 □攀爬 □其他

序号	工作步骤	潜在危险	危害原因	风险评估 可能性	风险评估 损失	风险评估 风险值	风险评估 风险等级	风险控制措施	备注
一、操作准备									
1	接收指令，确定操作对象	(1)误操作； (2)设备损坏、火灾； (3)触电、电弧灼伤； (4)对电网运行产生影响； (5)操作无法进行	工作项目对接不清楚，未完全取得对等连接	H3	D5	15	中等	(1)下达指令清晰、准确，正确复诵操作任务； (2)明确操作目的	
2	明确操作目的、任务和范围，做好分工		未正确按照正确的分工来执行送电作业操作	I4	E2	8	一般	(1)正确核对现场设备名称及标牌； (2)检查设备远方画面和就地状态正常	
3	在 ERP 系统中填写操作票或调用典型操作票		操作票填写错误、调用典型操作票错误	H5	D4	20	重大	正确填写或调用典型操作票，审核正确	
4	穿戴合适个人防护用品		个人防护用品佩戴不规范	I4	E2	8	一般	正确佩戴安全帽，穿工作服、绝缘靴，戴绝缘手套	
5	准备操作工器具，通信设备准备		安全用具电压等级选用不正确；安全工器具未认真检查	H5	D4	20	重大	(1)选择正确的电压等级的安全用具； (2)安全用具有统一、清晰的编号及试验合格编号，试验合格，在有效期之内； (3)绝缘部分的表面无裂纹、破损或污渍。 (4)绝缘手套卷曲充气检查不漏气，无机械损伤，试验合格，在有效期之内； (5)绝缘靴表面无裂纹、破损，试验合格，在有效期之内；	

续表

序号	工作步骤	潜在危险	危害原因	风险评估				风险控制措施	备注
				可能性	损失	风险值	风险等级		
5	准备操作工器具，通信设备准备	(1)误操作； (2)设备损坏、火灾； (3)触电、电弧灼伤； (4)对电网运行产生影响； (5)操作无法进行	安全用具电压等级选用不正确；安全工器具未认真检查	H5	D4	20	重大	(6)携带型短路接地线导线、线卡及导线护套符合标准要求，固定螺丝无松动现象； (7)携带型短路接地线的编号应明显，并注明适用的电压等级； (8)验电器的自检正常	
6	建立通信联系		通信不畅	I4	E2	8	一般	使用通信设备（对讲机、现场电话），正常	
7	智能“两票”系统检查		智能“两票”系统故障	H3	D5	15	中等	更换 pad 进行操作	
二、主变压器系统送电作业									
1	开关、刀闸检查	(1)高处坠落； (2)人身伤害； (3)设备损坏	(1)楼梯较高较陡； (2)操作员高处作业时未使用安全带； (3)未按照规程来检查检修设备	I4	B5	20	重大	(1)人员上下楼梯时手要扶好，脚要踩稳，不得两人同时蹬一梯； (2)在变压器顶部作业时，必须使用安全带，挪动位置前先观察好； (3)在不安全区域设立警示标识； (4)穿戴绝缘鞋，及时处理作业区域的积水，及时观察活动空间的环境状况； (5)夜间操作保证照明充足	
2	地线一组拆除，绝缘合格检测	(1)高处坠落； (2)中暑； (3)爆炸	(1)楼梯较高较陡； (2)工具使用的不得当，没有按操作步骤有序进行操作	I4	B5	20	重大	(1)核对设备名称及编号，防止走错间隔，检查设备状态位置正确； (2)按照操作票顺序执行，禁止跳项操作。 (3)严格执行唱票复诵、监护制度； (4)穿绝缘鞋，戴绝缘手套； (5)选择容量合适的绝缘表，并正确使用工具	
3	电脑上操作	设备事故	误选画面、设备或误点击，导致设备出现异常或故障	H5	D3	15	中等	(1)操作前操作人在电脑上认真核对设备名称、编号及状态； (2)操作时操作人用手指屏幕复诵，待监护人确认后方可进行操作； (3)加强人员的技术业务培训，及时发现异常情况，能够正确判断处理	

续表

序号	工作步骤	潜在危险	危害原因	风险评估				风险控制措施	备注
				可能性	损失	风险值	风险等级		
4	设备运行前检查	(1)触电； (2)设备事故；	(1)误送电造成触电、电弧伤害； (2)走错隔间；操作时跳项、漏项	H5	D3	15	中等	(1)戴绝缘手套和防护面罩，穿防电弧服； (2)核实操作票内容和设备状态； (3)设备铭牌字迹要清晰，放置位置要恰当； (4)加强人员的技术业务培训，及时发现异常情况，正确判断处理； (5)切断电气开关后必须挂警示牌和上锁	
5	控制电源小开关、开关合闸压板(弱电)	(1)触电； (2)设备事故；	(1)误送电造成触电、电弧伤害； (2)设备潮湿引起短路；走错隔间；操作时跳项、漏项导致设备出现异常或故障	H5	D3	15	中等	(1)戴绝缘手套和防护面罩，穿防电弧服； (2)检查现场接地线和接地开关状态； (3)核实操作票内容和设备状态； (4)执行监护制度，坚持唱票，确认设备位置、名称、名称标牌； (5)操作人员要按正确方法使用工具，手拿稳，精神集中，注意周围环境； (6)切断电气开关后必须挂警示牌和上锁； (7)设备铭牌字迹要清晰，放置位置要恰当； (8)加强人员的技术业务培训，及时发现异常情况，正确判断处理； (9)现场配备好消防器材	
6	开关工作位置由检修位置摇至试验位置 (强电)	(1)设备事故； (2)扭伤、碰伤	(1)开关本身有缺陷；误操作导致设备出现异常或故障； (2)开关在合位、摇把操作困难造成扭伤、碰伤	I4	E2	8	一般	(1)开关位置移动必须用手抓住把手，不要触碰其他位置； (2)摇开关时需将开关仓门关好； (3)禁止在就地进行开关、隔离开关操作； (4)不得随意解除机械闭锁； (5)使用较长的工具，如接电线辅助杆等，注意避开带电设备，保持足够的安全距离； (6)按正确方法使用工具，手拿稳，精神集中，注意周围环境； (7)加强人员的技术业务培训，及时发现异常情况，正确判断处理；	

续表

序号	工作步骤	潜在危险	危害原因	风险评估				风险控制措施	备注
				可能性	损失	风险值	风险等级		
6	开关工作位置由检修位置摇至试验位置 (强电)	(1)设备事故; (2)扭伤、碰伤	(1)开关本身有缺陷;误操作导致设备出现异常或故障; (2)开关在合位、摇把操作困难造成扭伤、碰伤	I4	E2	8	一般	(8)执行监护制度,坚持唱票,确认设备位置、名称、名称标牌; (9)操作人员要按正确方法使用工具,手拿稳,精神集中,注意周围环境; (10)开关位置移动必须用手抓住把手,不要触碰其他位置; (11)摇开关时需将开关仓门关好,严格按照操作步骤,先停二次电源后,再进行摇开关操作	
三、作业环境									
1	室内潮湿	(1)设备损坏; (2)触电、电弧灼伤	(1)通风不良; (2)绝缘破坏,信号干扰	H5	D3	15	中等	(1)检查室内湿度在合格范围内; (2)加强通风,除潮器工作正常; (3)按现场要求,禁止使用无线通信工具时,使用现场电话联系	

4.1.4 110 kV四母线送电作业(表4-5)

表4-5 110 kV四母线送电作业(110 kV四母线送电操作)危险源辨识及控制措施表(JSA)

日期:

工作名称/任务:	地点:	编号:
部门:	主管人:	工作执行人职务:
编制:	审查:	批准:

作业环境条件

□室内 □室外 □冷 □热 □湿 □灰尘 □水汽 □噪声 □震动 □天气状况不良 □其他

基本工作行动

□举重 □抓取 □推 □坐 □伸展 □弯曲 □跪 □直立 □拖 □蹲 □攀爬 □其他

序号	工作步骤	潜在危险	危害原因	风险评估				风险控制措施	备注
				可能性	损失	风险值	风险等级		
一、操作准备									
1	中控室建立通信平台		工作项目不清,操作目的不正确	H3	D5	15	中等	(1)下达指令清晰、准确,正确复诵操作任务; (2)明确操作目的,正确使用五防装置	

续表

序号	工作步骤	潜在危险	危害原因	风险评估				风险控制措施	备注
				可能性	损失	风险值	风险等级		
2	检查设备运行状态	(1)误操作; (2)设备损坏、火灾; (3)触电、电弧灼伤; (4)对电网运行产生影响; (5)操作无法进行	未正确确定设备运行方式	I4	E2	8	一般	(1)正确核对现场设备名称及标牌; (2)对照系统图核对设备操作前及操作后的运行方式正确	
3	在ERP系统中填写操作票或调用典型操作票		操作票填写错误、调用典型操作票错误	H4	D5	20	重大	正确填写或调用典型操作票,审核正确	
4	穿戴合适个人防护用品		个人防护用品佩戴不规范	I4	E2	8	一般	正确佩戴安全帽,穿工作服、绝缘靴,戴绝缘手套	
5	选择操作安全工器具,准备交通设备		安全用具电压等级选用不正确;安全用具未认真检查	H3	D5	15	中等	(1)选择正确的电压等级的安全用具; (2)安全用具有统一、清晰的编号及试验合格编号,试验合格,在有效期之内; (3)绝缘部分的表面无裂纹、破损或污渍; (4)绝缘手套卷曲充气检查不漏气,无机械损伤,试验合格,在有效期之内; (5)绝缘靴表面无裂纹、破损,试验合格,在有效期之内; (6)携带型短路接地线导线、线卡及导线护套符合标准要求,固定螺丝无松动现象; (7)携带型短路接地线的编号应明显,并注明适用的电压等级; (8)验电器的自检正常	
6	建立通信联系		通信不畅	I4	E2	8	一般	试用通信设备(对讲机),正常	
二、110 kV四母线送电作业									
1	设备开关、设备电压,开关加热器检查	(1)高处坠落; (2)摔伤	(1)操作员高处作业时未使用安全带; (2)现场井坑孔洞多;	I4	D3	12	中等	(1)使用专用升降梯进行高处作业,正确使用安全带; (2)作业现场设立安全标志牌; (3)人员走动时注意脚下,不要踩踏固定不牢的沟盖板或井盖; (4)及时固定不牢固的沟盖板	

续表

序号	工作步骤	潜在危险	危害原因	风险评估				风险控制措施	备注
				可能性	损失	风险值	风险等级		
2	电脑上操作	(1)设备事故； (2)摔伤	(1)误选画面、设备或误点击，导致设备出现异常或故障； (2)现场井坑孔洞多	I4	D5	20	重大	(1)操作前操作人在电脑上认真核对设备名称、编号及状态； (2)操作时操作人用手指屏幕复诵，待监护人确认后方可进行操作； (3)加强人员的技术业务培训，及时发现异常情况，能够正确判断处理； (4)人员走动时注意脚下，不要踩踏固定不牢的沟盖板或井盖	
3	设备运行前绝缘合格检测	(1)触电； (2)设备事故	(1)误送电造成触电、电弧伤害； (2)走错隔间；操作时跳项、漏项，导致设备出现异常或故障	H3	D5	15	中等	(1)戴绝缘手套和防护面罩，穿防电弧服； (2)检查现场接地线和接地开关状态； (3)核实操作票内容和设备状态； (4)执行监护制度，坚持唱票，确认设备位置、名称、名称标牌； (5)切断电气开关后必须挂警示牌和上锁； (6)设备铭牌字迹要清晰，放置位置要恰当； (7)加强人员的技术业务培训，及时发现异常情况，正确判断处理； (8)现场配备好消防器材； (9)正确使用验电笔、绝缘摇表等工具	
4	信号、电源、PT二次小开关的控制操作(弱电)	(1)触电、电弧灼伤； (2)设备事故	(1)误触带电体造成电弧伤害；误合开关；开关本身有缺陷。 (2)设备潮湿引起短路；走错隔间；操作时跳项、漏项导致设备出现异常或故障	I4	D3	12	中等	(1)戴绝缘手套和防护面罩，穿防电弧服； (2)检查现场接地线和接地开关状态； (3)检查室内湿度，湿度过大应采取相应措施； (4)核实操作票内容和设备状态； (5)按正确方法使用工具，手拿稳，精神集中，注意周围环境； (6)加强人员的技术业务培训，及时发现异常情况，正确判断处理； (7)设备铭牌字迹要清晰，放置位置要恰当； (8)现场配备好消防器材	

续表

序号	工作步骤	潜在危险	危害原因	风险评估				风险控制措施	备注
				可能性	损失	风险值	风险等级		
5	万用表验电确认后自投入出口压板	(1)触电； (2)设备事故	(1)误触带电体造成电弧伤害； (2)开关本身有缺陷;误操作导致设备出现异常或故障	H5	D5	25	重大	(1)戴绝缘手套和防护面罩,穿防电弧服； (2)检查室内湿度,湿度过大应采取相应措施； (3)选择母线正确接地点装设接地线； (4)检查现场接地线和接地开关状态； (5)核实操作票内容和设备状态； (6)核对开关名称和编号,检查开关状态,正确使用万用表	
6	设备运行时检查	(1)设备事故； (2)扭伤、碰伤	(1)开关本身有缺陷;误操作。 (2)开关在合位、摇把操作困难造成扭伤、碰伤	I4	E2	8	一般	(1)戴绝缘手套和防护面罩,穿防电弧服； (2)检查室内湿度,湿度过大应采取相应措施； (3)选择母线正确接地点装设接地线； (4)检查现场接地线和接地开关状态； (5)核实操作票内容和设备状态； (6)核对开关名称和编号,检查开关状态； (7)确认绝缘工具在合格期限内,并实施必要的检验程序； (8)按照电压等级使用相应的仪器仪表； (9)操作人员要按正确方法使用工具,手拿稳,精神集中,注意周围环境； (10)开关位置移动必须用手抓住把手,不要触碰其他位置； (11)摇开关时需将开关仓门关好	
三、作业环境									
1	夜间操作光线不足	(1)设备事故； (2)碰伤	(1)误操作导致设备损坏； (2)视线不足导致的人员刮擦、磕碰	I4	E2	8	一般	(1)使用亮度足够的手电； (2)穿劳保鞋、戴安全帽、穿工作服、扣好衣扣； (3)严格执行操作监护	

续表

序号	工作步骤	潜在危险	危害原因	风险评估				风险控制措施	备注
				可能性	损失	风险值	风险等级		
2	室外操作雨水天气	(1)设备事故； (2)触电、电弧灼伤； (3)滑倒，摔伤	(1)设备潮湿引起短路； (2)路面湿滑引起人员跌倒	I4	E2	8	一般	(1)操作前检查环境湿度，湿度过大应采取相应措施； (2)保持设备干燥； (3)穿劳保鞋、戴安全帽、穿工作服、扣好衣扣	

4.1.5 110 kV四母线停电作业(表4-6)

表4-6 110 kV四母线停电作业(110 kV四母线停电操作)危险源辨识及控制措施表(JSA)

日期：

工作名称/任务：	地点：	编号：
部门：	主管人：	工作执行人职务：
编制：	审查：	批准：

作业环境条件

□室内 □室外 □冷 □热 □湿 □灰尘 □水汽 □噪声 □震动 □天气状况不良 □其他

基本工作行动

□举重 □抓取 □推 □坐 □伸展 □弯曲 □跪 □直立 □拖 □蹲 □攀爬 □其他

序号	工作步骤	潜在危险	危害原因	风险评估				风险控制措施	备注
				可能性	损失	风险值	风险等级		
一、操作准备									
1	检查设备运行状态	(1)误操作； (2)设备损坏、火灾； (3)触电、电弧灼伤； (4)对电网运行产生影响； (5)操作无法进行	工作项目不清，操作目的不正确	H5	D3	15	中等	(1)下达指令清晰、准确，正确复诵操作任务； (2)明确操作目的，正确使用微机五防装置	
2	中控室建立通信平台		未正确确定设备运行方式	I4	D3	12	中等	(1)正确核对现场设备名称及标牌； (2)对照系统图核对设备操作前及操作后的运行方式正确	
3	在ERP系统中填写操作票或调用典型操作票		操作票填写错误、调用典型操作票错误	H5	C4	20	重大	正确填写或调用典型操作票，审核正确	
4	穿戴合适个人防护用品		个人防护用品佩戴不规范	I4	E2	8	一般	正确佩戴安全帽，穿工作服、绝缘靴，戴绝缘手套	

续表

序号	工作步骤	潜在危险	危害原因	风险评估				风险控制措施	备注
				可能性	损失	风险值	风险等级		
5	选择操作安全工器具,准备交通设备		安全用具电压等级选用不正确;安全用具未认真检查	H5	C4	20	重大	(1)选择正确的电压等级的安全用具; (2)安全用具有统一、清晰的编号及试验合格编号,试验合格,在有效期之内; (3)绝缘部分的表面无裂纹、破损或污渍; (4)绝缘手套卷曲充气检查不漏气,无机械损伤,试验合格,在有效期之内; (5)绝缘靴表面无裂纹、破损,试验合格,在有效期之内; (6)携带型短路接地线导线、线卡及导线护套符合标准要求,固定螺丝无松动现象; (7)携带型短路接地线的编号应明显,并注明适用的电压等级; (8)验电器的自检正常	
6	建立通信联系		通信不畅	H3	D5	15	中等	试用通信设备(对讲机),正常	
二、110 kV 四母线停电作业									
1	东村线电脑操作	(1)设备异常; (2)摔伤; (3)触电	(1)电脑画面存在误点击; (2)现场井坑孔洞多; (3)设备存在漏电现象	I4	D3	12	中等	(1)操作前操作人在电脑上认真核对设备名称、编号及状态; (2)检查工作区域作业环境,是否存在地面湿滑,避免受到环境因素引起的人身伤害; (3)操作时操作人必须做好绝缘措施,佩戴相关的个体防护装备,避免误操作引起不必要的伤害; (4)及时固定不牢固的沟盖板; (5)在不安全区域设立警示标识; (6)穿戴安全帽、绝缘鞋、耳塞和防尘口罩等劳保用品	
2	电加热器、刀闸、控制开关设备运行前检查	(1)设备事故; (2)设备异常	(1)走错间隔; (2)误拉、误合电闸	H5	C4	20	重大	(1)操作前操作人在电脑上认真核对设备名称、编号及状态; (2)操作时操作人用手指屏幕复诵,待监护人确认后方可进行操作; (3)加强人员的技术业务培训,及时发现异常情况,能够正确判断处理	

续表

序号	工作步骤	潜在危险	危害原因	风险评估				风险控制措施	备注
				可能性	损失	风险值	风险等级		
3	管东二线电脑操作	(1)触电； (2)设备事故	(1)误送电造成触电、电弧伤害； (2)走错隔间;操作时跳项、漏项,导致设备出现异常或故障	H5	D3	15	中等	(1)戴绝缘手套和防护面罩,穿防电弧服； (2)检查现场接地线和接地开关状态； (3)核实操作票内容和设备状态； (4)执行监护制度,坚持唱票,确认设备位置、名称、名称标牌； (5)操作人员要按正确方法使用工具,手拿稳,精神集中,注意周围环境； (6)切断电气开关后必须挂警示牌和上锁； (7)设备铭牌字迹要清晰,放置位置要恰当； (8)加强人员的技术业务培训,及时发现异常情况,正确判断处理； (9)现场配备好消防器材	
4	信号、电源、故障录波器小开关的现场控制操作(弱电)	(1)触电、电弧灼伤； (2)设备事故	(1)误触带电体造成电弧伤害； (2)开关本身有缺陷;误操作导致设备出现异常或故障	H5	D3	15	中等	(1)戴绝缘手套和防护面罩,穿防电弧服； (2)检查现场接地线和接地开关状态； (3)检查室内湿度,湿度过大应采取相应措施； (4)核实操作票内容和设备状态； (5)核对开关名称和编号,检查开关状态； (6)执行监护制度,坚持唱票,确认设备位置、名称、名称标牌； (7)确认绝缘工具在合格期限内,并实施必要的检验程序； (8)按照电压等级使用相应的仪器仪表； (9)测量绝缘结束后应对被测设备放电； (10)使用便携式验电器前对验电器进行验证； (11)操作时与开关保持一定距离	

续表

序号	工作步骤	潜在危险	危害原因	风险评估				风险控制措施	备注
				可能性	损失	风险值	风险等级		
5	四母线母联145开关刀闸合现场控制操作(强电)	(1)触电; (2)设备事故	(1)误触带电体造成电弧伤害; (2)开关本身有缺陷;误操作导致设备出现异常或故障	H5	B5	25	重大	(1)戴绝缘手套和防护面罩,穿防电弧服; (2)检查室内湿度,湿度过大应采取相应措施; (3)选择母线正确接地点装设接地线; (4)检查现场接地线和接地开关状态; (5)核实操作票内容和设备状态; (6)核对开关名称和编号,检查开关状态; (7)确认绝缘工具在合格期限内,并实施必要的检验程序; (8)按照电压等级使用相应的仪器仪表; (9)测量绝缘结束后应对被测设备放电; (10)使用便携式验电器前对验电器进行验证; (11)操作前确认开关在分闸位,注意开关带电显示仪及信号灯指示; (12)执行监护制度,坚持唱票,确认设备位置、名称、名称标牌; (13)设备铭牌字迹要清晰,放置位置要恰当; (14)现场配备好消防器材	
6	设备运行时检查	(1)设备损坏; (2)触电、灼伤、扭伤	(1)开关本身有缺陷,误操作; (2)开关在合位、摇把操作困难造成扭伤、碰伤	I4	C4	16	中等	(1)操作前,必须检查确认具备操作条件; (2)开关位置移动必须用手抓住把手,不要触碰其他位置; (3)摇开关时需将开关仓门关好; (4)不得随意解除机械闭锁; (5)穿防电弧服; (6)使用较长的工具,如接电线辅助杆等,注意避开带电设备,保持足够的安全距离; (7)按正确方法使用工具,手拿稳,精神集中,注意周围环境; (8)加强人员的技术业务培训,及时发现异常情况,正确判断处理; (9)执行监护制度,坚持唱票,确认设备位置、名称、名称标牌	

续表

序号	工作步骤	潜在危险	危害原因	风险评估				风险控制措施	备注
				可能性	损失	风险值	风险等级		
三、作业环境									
1	夜间操作光线不足	(1)设备事故； (2)碰伤	(1)误操作导致设备损坏； (2)视线不足导致的人员刮擦、磕碰	I4	E2	8	一般	(1)使用亮度足够的手电； (2)穿劳保鞋、戴安全帽、穿工作服、扣好衣扣； (3)严格执行操作监护	
2	室外操作雨水天气	(1)设备事故； (2)触电、电弧灼伤； (3)滑倒，摔伤	(1)设备潮湿引起短路； (2)路面湿滑引起人员跌倒	I4	E2	8	一般	(1)操作前检查环境湿度，湿度过大应采取相应措施； (2)保持设备干燥； (3)穿劳保鞋、戴安全帽、穿工作服、扣好衣扣	

4.1.6 厂用电倒至 220 kV 系统带作业(表 4-7)

表 4-7 厂用电倒至 220 kV 系统带作业危险源辨识及控制措施表(JSA)

日期：

工作名称/任务：	地点：	编号：
部门：	主管人：	工作执行人职务：
编制：	审查：	批准：

作业环境条件

□室内 □室外 □冷 □热 □湿 □灰尘 □水汽 □噪声 □震动 □天气状况不良 □其他

基本工作行动

□举重 □抓取 □推 □坐 □伸展 □弯曲 □跪 □直立 □拖 □蹲 □攀爬 □其他

序号	工作步骤	潜在危险	危害原因	风险评估				风险控制措施	备注
				可能性	损失	风险值	风险等级		
一、操作准备									
1	接收指令，确定操作对象	(1)误操作； (2)设备损坏、火灾； (3)触电、电弧灼伤； (4)对电网运行产生影响； (5)操作无法进行	工作项目不清，操作目的不正确	I4	E2	8	一般	(1)下达指令清晰、准确，正确复诵操作任务； (2)明确操作目的	
2	核对设备运行方式		未正确确定设备运行方式	I4	D3	12	中等	(1)正确核对现场设备名称及标牌； (2)对照系统图核对设备操作前及操作后的运行方式正确	
3	在 ERP 系统中填写操作票或调用典型操作票		操作票填写错误、调用典型操作票错误	I4	D3	12	中等	正确填写或调用典型操作票，审核正确	

续表

序号	工作步骤	潜在危险	危害原因	风险评估				风险控制措施	备注
				可能性	损失	风险值	风险等级		
4	穿戴合适个人防护用品		个人防护用品佩戴不规范	I4	F1	4	一般	正确佩戴安全帽,穿工作服、绝缘靴,戴绝缘手套	
5	选择操作用具并检查		安全用具电压等级选用不正确;安全用具未认真检查	I4	F1	4	一般	(1)选择正确的电压等级的安全用具; (2)安全用具有统一、清晰的编号及试验合格编号,试验合格,在有效期之内; (3)绝缘部分的表面无裂纹、破损或污渍; (4)绝缘手套卷曲充气检查不漏气,无机械损伤,试验合格,在有效期之内; (5)绝缘靴表面无裂纹、破损,试验合格,在有效期之内; (6)携带型短路接地线导线、线卡及导线护套符合标准要求,固定螺丝无松动现象; (7)携带型短路接地线的编号应明显,并注明适用的电压等级; (8)验电器的自检正常	
6	建立通信联系		通信不畅	I4	F1	4	一般	试用通信设备(对讲机),正常	
7	智能"两票"系统检查		智能"两票"系统故障	J3	F1	3	一般	状态良好,电量充足	
二、厂用电倒至220 kV系统带作业									
1	开关、刀闸检查	(1)高处坠落; (2)物体打击; (3)灼烫; (4)噪声	(1)操作人员未按规定佩戴安全绳; (2)地形较为复杂,安全梯架设不稳定; (3)操作人员未按规定佩戴其他安全防护装备; (4)操作人员未将相关操作工件放置稳定; (5)操作人员超过安全线进行操作;	I4	B5	20	重大	(1)操作人员在工作时必须按规定佩戴相关安全防护装备; (2)操作人员在使用楼梯时,必须先确认其是否牢固,并且严禁两人同时用一个梯; (3)在变压器顶部作业时,必须使用安全带,挪动位置前先观察好; (4)作业现场设立安全标志牌; (5)使用专用升降梯进行作业; (6)在操作前将相关易挪动的工件放置稳定; (7)确保操作人员在安全线内进行操作,不越线; (8)将工作环境设计合理,保证噪声能及时传播出去,不发生过多重复反射	

续表

序号	工作步骤	潜在危险	危害原因	风险评估				风险控制措施	备注
				可能性	损失	风险值	风险等级		
2	电脑上操作	(1)触电； (2)设备异常	(1)误选画面、设备； (2)误点击，导致设备出现异常或故障	I4	D3	12	中等	(1)操作前操作人在电脑上认真核对设备名称、编号及状态； (2)操作时操作人用手指屏幕复诵，待监护人确认后方可进行操作； (3)加强人员的技术业务培训，及时发现异常情况，能够正确判断处理	
3	控制电源小开关、开关合闸压板(弱电)	(1)触电； (2)保护误动； (3)设备故障	(1)未按操作票进行送电，引起触电、电弧伤害； (2)未佩戴相关绝缘防护手套； (3)走错隔间； (4)操作时跳项、漏项，导致设备出现异常或故障； (5)开关本身有缺陷	I4	D3	12	中等	(1)核对设备名称及编号，防止走错间隔； (2)严格执行唱票复诵、监护制度； (3)穿绝缘鞋，戴绝缘手套； (4)严格执行电子设备间管理制度	
三、作业环境									
1	室内潮湿	(1)设备损坏； (2)触电、电弧灼伤	(1)通风不良； (2)绝缘破坏	H5	E2	10	中等	(1)检查室内湿度在合格范围内； (2)加强通风，除潮器工作正常	

4.1.7 厂用电倒至0♯乙启备变带作业(表4-8)

表4-8 厂用电倒至0♯乙启备变带作业危险源辨识及控制措施表(JSA)

日期：

工作名称/任务：	地点：	编号：
部门：	主管人：	工作执行人职务：
编制：	审查：	批准：

作业环境条件

□室内 □室外 □冷 □热 □湿 □灰尘 □水汽 □噪声 □震动 □天气状况不良 □其他

基本工作行动

□举重 □抓取 □推 □坐 □伸展 □弯曲 □跪 □直立 □拖 □蹲 □攀爬 □其他

续表

序号	工作步骤	潜在危险	危害原因	风险评估				风险控制措施	备注
				可能性	损失	风险值	风险等级		
一、操作前准备									
1	接收指令,确定操作对象	(1)误操作; (2)设备损坏、火灾; (3)触电、电弧灼伤; (4)对电网运行产生影响; (5)操作无法进行	(1)工作项目遗漏、增添或乱序; (2)操作对象不明确	H3	D5	15	中等	(1)监督人员下达指令清晰、准确,操作人员正确复诵操作任务; (2)操作人员具体操作前反复确认此步骤作用对象	
2	核对设备运行方式		未正确确定设备运行方式	I4	E2	8	一般	(1)正确核对现场设备名称及标牌; (2)对照系统图核对设备操作前及操作后的运行方式正确	
3	在ERP系统中填写操作票或调用典型操作票		操作票填写错误、调用典型操作票错误	H4	D5	20	重大	正确填写或调用典型操作票,审核正确	
4	穿戴(合适个人)防护用品		个人防护用品佩戴不规范	I4	E2	8	一般	正确佩戴安全帽,穿工作服、绝缘靴,戴绝缘手套	
5	选择操作用具并检查		安全用具电压等级选用不正确;安全用具失效且未被检查出	H3	D5	15	中等	(1)选择正确的电压等级的安全用具; (2)安全用具有统一、清晰的编号及试验合格编号,试验合格,在有效期之内; (3)绝缘部分的表面无裂纹、破损或污渍; (4)绝缘手套卷曲充气检查不漏气,无机械损伤,试验合格,在有效期之内; (5)绝缘靴表面无裂纹、破损,试验合格,在有效期之内; (6)携带型短路接地线导线、线卡及导线护套符合标准要求,固定螺丝无松动现象; (7)携带型短路接地线的编号应明显,并注明适用的电压等级; (8)验电器的自检正常	
6	建立通信联系		通信不畅	I4	E2	8	一般	试用通信设备(对讲机),正常	
7	智能"两票"系统检查		智能"两票"系统故障	H3	D5	15	中等	更换pad进行操作	

续表

序号	工作步骤	潜在危险	危害原因	风险评估				风险控制措施	备注
				可能性	损失	风险值	风险等级		
二、厂用电倒至＃0乙启备变带作业									
1	开关、电压指示、刀闸、压板、快切装置检查操作	(1)触电、电弧灼伤； (2)中暑； (3)设备损坏； (4)火灾； (5)爆炸； (6)六氟化硫气体中毒	(1)误拉、合开关、刀闸； (2)快切装置为投入使用； (3)六氟化硫气体泄漏； (4)检查人员漏项跳项； (5)检查人员走错间隔	I4	B5	20	重大	(1)严格根据操作票核对设备名称及编号，防止走错间隔，确保设备处于正确状态，且正确使用微机五防装置； (2)操作前核对操作票执行顺序，禁止跳项漏项，严格按照要求使用微机五防闭锁； (3)严格执行唱票复诵、监护制度； (4)进入工作场所前，佩戴好个体防护装备，并根据操作内容的不同进行调整； (5)注意六氟化硫气体压力，发现泄漏立即停止操作并设置警戒线； (6)操作压板前，正确使用万用表、电笔	
2	DCS上操作	设备异常或故障	误选画面、设备或误点击导致设备出现异常或故障	I4	C4	12	重大	(1)操作前操作人在电脑上认真核对设备名称、编号及状态； (2)操作时操作人用手指屏幕复诵，待监护人确认后方可进行操作； (3)操作人员身体状况异常，思想不集中或者情绪波动较大，技术达不到正确操作时，监护人员应要求其立即停止操作，更换合格的人员再进行操作； (4)电脑设备一旦出现故障或异常立即停止操作，等专业人员处理，必要时立即关闭设备	
三、作业环境									
1	高温	中暑	(1)工人在高温环境下工作时间过长； (2)设备异常、导热受阻	G6	C4	20	重大	(1)高温场所长时间作业时应穿戴隔热服等劳保用品； (2)高温场所配备充足的饮用水及防暑降温用品； (3)作业区间应配备通风设施，确保空气流通顺畅； (4)严格遵守《工作场所有害因素职业接触限值》(GBZ 2.2—2007)对高温工作区域进行排班	

续表

序号	工作步骤	潜在危险	危害原因	风险评估				风险控制措施	备注
				可能性	损失	风险值	风险等级		
2	跌落	高处坠落摔伤	井口盖板未盖实	K2	D3	15	中等	(1)井口盖板加以防护锁保护； (2)井口附近设立安全警示牌	

4.1.8 高压给水泵测绝缘作业(表 4-9)

表 4-9 高压给水泵测绝缘作业危险源辨识及控制措施表(JSA)

日期：

工作名称/任务：	地点：	编号：
部门：	主管人：	工作执行人职务：
编制：	审查：	批准：

作业环境条件

□室内 □室外 □冷 □热 □湿 □灰尘 □水汽 □噪声 □震动 □天气状况不良 □其他

基本工作行动

□举重 □抓取 □推 □坐 □伸展 □弯曲 □跪 □直立 □拖 □蹲 □攀爬 □其他

序号	工作步骤	潜在危险	危害原因	风险评估				风险控制措施	备注
				可能性	损失	风险值	风险等级		
一、操作准备									
1	接收指令，确定操作对象	(1)误操作； (2)设备损坏、火灾； (3)触电、电弧灼伤； (4)对电网运行产生影响； (5)操作无法进行	(1)工作项目遗漏、增添或乱序； (2)操作对象不明确	H3	D5	15	中等	(1)监督人员下达指令清晰、准确，操作人员正确复诵操作任务； (2)操作人员具体操作前反复确认此步骤作用对象	
2	核对设备运行方式		未正确确定设备运行方式	I4	E2	8	一般	(1)正确核对现场设备名称及标牌； (2)对照系统图核对设备操作前及操作后的运行方式，正确使用微机五防装置	
3	在ERP系统中填写操作票或调用典型操作票		操作票填写错误、调用典型操作票错误	H4	D5	20	重大	正确填写或调用典型操作票，审核正确	
4	穿戴防护用品		个人防护用品佩戴不规范	I4	E2	8	一般	正确佩戴安全帽，穿工作服、绝缘靴，戴绝缘手套	

续表

序号	工作步骤	潜在危险	危害原因	风险评估				风险控制措施	备注
				可能性	损失	风险值	风险等级		
5	选择操作用具并检查		安全用具电压等级选用不正确；安全用具失效且未被检查出	H3	D5	15	中等	(1)选择正确的电压等级的安全用具； (2)安全用具有统一、清晰的编号及试验合格编号，试验合格，在有效期之内； (3)安全用具绝缘部分的表面无裂纹、破损或污渍； (4)绝缘手套卷曲充气检查不漏气，无机械损伤，试验合格，在有效期之内； (5)绝缘靴表面无裂纹、破损，试验合格，在有效期之内； (6)应选择对应电压等级验电器并自检正常	
6	建立通信联系		通信不畅	I4	E2	8	一般	试用通信设备(对讲机)，正常	
7	智能“两票”系统检查		智能“两票”系统故障	H3	D5	15	中等	更换 pad 进行操作	
二、高压给水泵测绝缘作业									
1	开关、刀闸操作	(1)触电、电弧灼伤； (2)中暑、听力受损； (3)设备损坏； (4)电气火灾； (5)爆炸	(1)误拉、合开关、刀闸； (2)检查人员漏项跳项； (3)检查人员走错间隔	I4	B5	20	重大	(1)严格根据操作票核对设备名称及编号，防止走错间隔，确保设备处于正确状态； (2)操作前核对操作票执行顺序，禁止跳项漏项，严格按照要求使用微机五防闭锁； (3)严格执行唱票复诵、监护制度； (4)进入工作场所前，佩戴好个体防护装备，并根据操作内容的不同进行调整	
2	控制电源二次开关	(1)触电； (2)设备异常； (3)保护误动	(1)走错间隔； (2)误拉、误合	K2	D3	15	中等	(1)核对设备名称及编号，防止走错间隔，检查设备状态位置正确； (2)按照操作票顺序执行，禁止跳项操作； (3)严格执行唱票复诵、监护制度； (4)穿绝缘鞋，戴绝缘手套	
3	验电操作	(1)触电； (2)走错间隔	(1)操作时未按照正确的方法使用工具； (2)操作时未与带电设备保持安全距离； (3)未按照正确的方式使用个体防护用品	I4	B5	20	重大	(1)使用工具时，应按照正确的方法。保证周围环境稳定，不会影响到正常的操作； (2)使用较长工具，注意避开带电设备以保持足够的安全距离； (3)带电操作时应按照规定佩戴个体防护装备，防止触电；并使用合格的防护用具	

续表

序号	工作步骤	潜在危险	危害原因	风险评估				风险控制措施	备注
				可能性	损失	风险值	风险等级		
4	开关由工作位置摇至检修位置	(1)设备损坏; (2)触电、电弧灼伤	(1)开关故障; (2)开关位置不正确	K2	D3	12	中等	(1)操作前确认开关在分闸位,注意开关带电显示仪及信号灯指示; (2)戴绝缘手套,穿绝缘靴; (3)检查室内湿度,湿度过大应采取相应措施; (4)摇开关时需将柜门关好; (5)不得随意解除机械闭锁; (6)操作机构出现异常,应立即停止操作	
5	DCS上操作	设备异常或故障	误选画面、设备或误点击导致设备出现异常或故障	I4	C4	12	重大	(1)操作前操作人在电脑上认真核对设备名称、编号及状态。 (2)操作时操作人用手指屏幕复诵,待监护人确认后方可进行操作。 (3)操作人员身体状况异常,思想不集中或者情绪波动较大,技术达不到正确操作时,监护人员应要求其立即停止操作,更换合格的人员再进行操作(管)。 (4)操作过程中一旦出现故障或异常立即停止操作,查明原因并处理后再操作;若无法处理,应立即关闭设备	
三、作业环境									
1	高温	(1)中暑; (2)火灾	(1)工人在高温环境下工作时间过长; (2)设备异常、导热受阻	G6	C4	20	重大	(1)高温场所长时间作业时应穿戴隔热服等劳保用品; (2)高温场所配备充足的饮用水及防暑降温用品; (3)作业区间应配备通风设施,确保空气流通顺畅; (4)严格遵守《工作场所有害因素职业接触限值》(GBZ 2.2—2007)对高温工作区域进行排班	
2	噪声(燃机)	听力损伤	(1)设备运行时产生的噪声过大; (2)工人在噪声环境下工作时间过长	J3	F1	2	低	进入高噪声场所需佩戴耳塞等防噪降噪用品	
3	高湿	触电	环境湿度过大	J3	F1	5	一般	高湿场所应配备通风设备,确保空气流通	

4.1.9 厂用 6 kV B 段母线停电作业（表 4-10）

表 4-10 厂用 6 kV B 段母线停电作业危险源辨识及控制措施表(JSA)

日期：

工作名称/任务：	地点：	编号：
部门：	主管人：	工作执行人职务：
编制：	审查：	批准：

作业环境条件

□室内 □室外 □冷 □热 □湿 □灰尘 □水汽 □噪声 □震动 □天气状况不良 □其他

基本工作行动

□举重 □抓取 □推 □坐 □伸展 □弯曲 □跪 □直立 □拖 □蹲 □攀爬 □其他

序号	工作步骤	潜在危险	危害原因	风险评估				风险控制措施	备注
				可能性	损失	风险值	风险等级		
一、操作准备									
1	接收指令，确定操作对象	(1)误操作； (2)设备损坏、火灾； (3)触电、电弧灼伤； (4)对电网运行产生影响； (5)操作无法进行	工作项目不清，操作目的不正确	I4	E2	8	一般	(1)下达指令清晰、准确，正确复诵操作任务； (2)明确操作目的	
2	核对设备运行方式		未正确确定设备运行方式	I4	D3	12	中等	(1)正确核对现场设备名称及标牌； (2)对照系统图核对设备操作前及操作后的运行方式正确	
3	在 ERP 系统中填写操作票或调用典型操作票		操作票填写错误、调用典型操作票错误	I4	D3	12	中等	正确填写或调用典型操作票，审核正确	
4	穿戴合适个人防护用品		个人防护用品佩戴不规范	I4	F1	4	一般	正确佩戴安全帽，穿工作服、绝缘靴，戴绝缘手套	
5	选择操作用具并检查		安全用具电压等级选用不正确；安全用具未认真检查	I4	F1	4	一般	(1)选择正确的电压等级的安全用具； (2)安全用具有统一、清晰的编号及试验合格编号，试验合格，在有效期之内； (3)绝缘部分的表面无裂纹、破损或污渍； (4)绝缘手套卷曲充气检查不漏气，无机械损伤，试验合格，在有效期之内； (5)绝缘靴表面无裂纹、破损，试验合格，在有效期之内； (6)携带型短路接地线导线、线卡及导线护套符合标准要求，固定螺丝无松动现象； (7)携带型短路接地线的编号应明显，并注明适用的电压等级； (8)验电器的自检正常	

续表

序号	工作步骤	潜在危险	危害原因	风险评估				风险控制措施	备注
				可能性	损失	风险值	风险等级		
6	建立通信联系		通信不畅	I4	F1	4	一般	试用通信设备(对讲机),正常	
二、厂用6kV B段母线停电作业									
1	开关、刀闸检查	(1)高处坠落; (2)物体打击; (3)灼烫; (4)噪声	(1)操作人员未按规定佩戴安全绳; (2)地形较为复杂,安全梯架设不稳定; (3)操作人员未按规定佩戴其他安全防护装备; (4)操作人员未将相关操作工件放置稳定; (5)操作人员超过安全线进行操作	I4	B5	20	重大	(1)操作人员在工作时必须按规定佩戴相关安全防护装备; (2)操作人员在使用楼梯时,必须先确认其是否牢固,并且严禁两人同时用一个梯; (3)在变压器顶部作业时,必须使用安全带,挪动位置前先观察好; (4)作业现场设立安全标志牌; (5)使用专用升降梯进行作业; (6)在操作前将相关易挪动的工件放置稳定; (7)确保操作人员在安全线内进行操作,不越线; (8)将工作环境设计合理,保证噪声能及时传播出去,不发生过多重复反射	
2	电脑上操作	(1)触电; (2)设备异常	(1)误选画面、设备; (2)误点击,导致设备出现异常或故障	I4	D3	12	中等	(1)操作前操作人在电脑上认真核对设备名称、编号及状态; (2)操作时操作人用手指屏幕复诵,待监护人确认后方可进行操作; (3)加强人员的技术业务培训,及时发现异常情况,能够正确判断处理	
3	控制电源小开关、开关合闸压板(弱电)	(1)触电; (2)保护误动; (3)设备故障	(1)未按操作票进行送电,引起触电、电弧伤害; (2)未佩戴相关绝缘防护手套; (3)走错隔间; (4)操作时跳项、漏项,导致设备出现异常或故障; (5)开关本身有缺陷	I4	D3	12	中等	(1)核对设备名称及编号,防止走错间隔; (2)严格执行唱票复诵、监护制度; (3)穿绝缘鞋,戴绝缘手套; (4)严格执行电子设备间管理制度	

续表

序号	工作步骤	潜在危险	危害原因	风险评估				风险控制措施	备注
				可能性	损失	风险值	风险等级		
4	开关、隔离开关合操作（强电）	(1)设备故障； (2)触电	(1)误触带电体造成电弧伤害； (2)误合开关； (3)开关本身有缺陷； (4)设备潮湿引起短路； (5)走错隔间； (6)操作时跳项、漏项导致设备出现异常或故障	I4	B5	20	重大	(1)戴绝缘手套和防护面罩，穿防电弧服； (2)检查现场接地线和接地开关状态； (3)检查室内湿度，湿度过大应采取相应措施； (4)核实操作票内容和设备状态； (5)核对开关名称和编号，检查开关状态； (6)执行监护制度，坚持唱票，确认设备位置、名称、名称标牌； (7)确认绝缘工具在合格期限内，并实施必要的检验程序； (8)按照电压等级使用相应的仪器仪表； (9)测量绝缘结束后应对被测设备放电； (10)使用便携式验电器前对验电器进行验证； (11)操作时与开关保持一定距离； (12)使用较长的工具，如接电线辅助杆等，注意避开带电设备，保持足够的安全距离； (13)按正确方法使用工具，手拿稳，精神集中，注意周围环境； (14)加强人员的技术业务培训，及时发现异常情况，正确判断处理； (15)设备铭牌字迹要清晰，放置位置要恰当； (16)现场配备好消防器材	
5	开关由工作位置摇至检修位置（强电）	(1)设备损坏； (2)触电、电弧灼伤	(1)开关故障； (2)开关位置不正确	I4	B5	20	重大	(1)操作前确认开关在分闸位，注意开关带电显示仪及信号灯指示； (2)操作机构出现异常，应立即停止操作； (3)戴绝缘手套，穿绝缘靴； (4)检查室内湿度，湿度过大应采取相应措施； (5)摇开关时需将开关门关好； (6)不得随意解除机械闭锁	

续表

序号	工作步骤	潜在危险	危害原因	风险评估				风险控制措施	备注
				可能性	损失	风险值	风险等级		
三、作业环境									
1	室内潮湿	(1)设备损坏； (2)触电、电弧灼伤	(1)通风不良； (2)绝缘破坏	H5	E2	10	中等	(1)检查室内湿度在合格范围内； (2)加强通风，除湿器工作正常	

4.1.10 燃机离线水洗操作作业(表 4-11)

表 4-11 燃机离线水洗操作作业危险源辨识及控制措施表(JSA)

日期：

工作名称/任务：	地点：	编号：
部门：	主管人：	工作执行人职务：
编制：	审查：	批准：

作业环境条件

□室内 □室外 □冷 □热 □湿 □灰尘 □水汽 □噪声 □震动 □天气状况不良 □其他

基本工作行动

□举重 □抓取 □推 □坐 □伸展 □弯曲 □跪 □直立 □拖 □蹲 □攀爬 □其他

序号	工作步骤	潜在危险	危害原因	风险评估				风险控制措施	备注
				可能性	损失	风险值	风险等级		
一、操作准备									
1	接收指令，确定操作对象	(1)误操作 (2)设备损坏、火灾 (3)操作无法进行	工作项目不清，操作目的不正确	I4	E2	8	一般	(1)下达指令清晰、准确，正确复诵操作任务。 (2)明确操作目的	
2	核对设备运行方式		未正确确定设备运行方式	I4	D3	12	中等	(1)正确核对现场设备名称及标牌。 (2)对照系统图核对设备操作前及操作后的运行方式正确	
3	在 ERP 系统中填写操作票或调用典型操作票		操作票填写错误、调用典型操作票错误	I4	D3	12	中等	正确填写或调用典型操作票，审核正确	
4	穿戴合适个人防护用品		个人防护用品佩戴不规范	I4	F1	4	一般	正确佩戴安全帽，穿工作服、绝缘靴，戴绝缘手套	

续表

序号	工作步骤	潜在危险	危害原因	风险评估				风险控制措施	备注
				可能性	损失	风险值	风险等级		
5	选择操作用具并检查		安全用具电压等级选用不正确；安全用具未认真检查	I4	F1	4	一般	(1)选择正确的电压等级的安全用具。 (2)安全用具有统一、清晰的编号及试验合格编号，试验合格，在有效期之内。 (3)绝缘部分的表面无裂纹、破损或污渍。 (4)绝缘手套卷曲充气检查不漏气，无机械损伤，试验合格，在有效期之内。 (5)绝缘靴表面无裂纹、破损，试验合格，在有效期之内。 (6)携带型短路接地线导线、线卡及导线护套符合标准要求，固定螺丝无松动现象。 (7)携带型短路接地线的编号应明显，并注明适用的电压等级。 (8)验电器的自检正常	
6	建立通信联系		通信不畅	I4	F1	4	一般	试用通信设备（对讲机），正常	
二、燃机离线水洗操作作业									
1	在控制室的DSC电脑上查看设备运行状态或参数	设备事故	误选画面、设备或误点击，导致设备出现异常或故障	I4	B5	20	重大	(1)检查前操作人在电脑上认真核对设备名称、编号及状态； (2)检查时操作人用手指屏幕复诵，检查正常后方可进行下一步操作； (3)加强人员的技术业务培训，及时发现异常情况，能够正确判断处理	
2	在电脑上操作各阀门开闭	触电	人员误操作接触带电体，造成触电人身伤害	J3	D3	9	中等	(1)操作人员精神集中，注意周围环境，避开有能影响操作的设备或工具； (2)保证绝缘垫的绝缘性能完好，每年检测一次绝缘性能； (3)警示标识完好、清晰； (4)监护人员监护到位，及时阻止操作人员违章作业、冒险作业或其他误操作行为； (5)使用对讲机随时和控制室人员保持联系，确保现场操作人员与电脑操作人员步骤同步	

续表

序号	工作步骤	潜在危险	危害原因	风险评估				风险控制措施	备注
				可能性	损失	风险值	风险等级		
3	在机房内查看设备清洗状况	(1)摔伤； (2)听力损伤	(1)现场井坑孔洞多； (2)设备运行时产生的噪声过大	J3	D3	9	中等	(1)人员走动时注意脚下，不要踩踏固定不牢的沟盖板或井盖； (2)及时固定不牢固的沟盖板； (3)在不安全区域设立警示标识； (4)穿戴安全帽、绝缘鞋、耳塞和防尘口罩等劳保用品	
三、作业环境									
1	高温环境	高温中暑	人身伤害	H5	E2	10	中等	(1)工作人员轮换工作； (2)备足饮用水及防暑药物	
2	空间狭小	触及高温部件	人身伤害	I4	D3	12	中等	派专人安全监督	

4.2 热机操作JSA分析

4.2.1 制氢系统启动作业(表4-12)

表4-12 制氢系统启动作业危险源辨识及控制措施表(JSA)

日期：

工作名称/任务：	地点：	编号：
部门：	主管人：	工作执行人职务：
编制：	审查：	批准：

作业环境条件

□室内 □室外 □冷 □热 □湿 □灰尘 □水汽 □噪声 □震动 □天气状况不良 □其他

基本工作行动

□举重 □抓取 □推 □坐 □伸展 □弯曲 □跪 □直立 □拖 □蹲 □攀爬 □其他

序号	工作步骤	潜在危险	危害原因	风险评估				风险控制措施	备注
				可能性	损失	风险值	风险等级		
一、操作准备									
1	在控制室电脑上查看设备运行状态或参数	设备事故	误选画面、设备或误点击，导致设备出现异常或故障	H5	C4	12	中等	(1)严格按照操作规程中进行操作； (2)对于易发生误操作部位设置警示标志或保护措施； (3)检查前操作人在电脑上认真核对设备名称、编号及状态； (4)检查时操作人用手指屏幕复诵，检查正常后方可进行下一步操作； (5)操作时，精神集中，严禁跨步骤操作	

续表

序号	工作步骤	潜在危险	危害原因	风险评估				风险控制措施	备注
				可能性	损失	风险值	风险等级		
2	现场检查阀门状态	(1)触电、电弧伤害 (2)人员扭伤、碰伤	(1)人员误操作接触带电体，造成触电人身伤害 (2)人员滑倒摔伤	I4	E2	8	一般	(1)核对开关名称和编号，检查开关状态； (2)严格按照操作票操作，减缓操作速度与幅度； (3)操作开关时手稳心细，精神集中，必须用手握紧开关调节，不可使用任何工具挑拨开关，并注意周围环境； (4)定期检测设备金属外壳接地牢固、完好，无锈蚀； (5)正确佩戴劳保用品，如安全帽、保护鞋，必要时佩戴好耳塞、手套； (6)启动设备时合理站位，站在转动设备轴向，禁止站在管道、栏杆、靠背轮罩上，避免部件故障伤人； (7)设备仪表或显示器设置在便于观察的位置； (8)保持机房内环境整洁，无障碍； (9)加强操作人员专业知识培训，熟练掌握操作步骤与应急能力	
二、操作过程									
1	碱液循环并测量碱液比重	灼烫	碱液泄漏导致人员烫伤	J3	D3	9	中等	(1)定期检修设备、设施、管道； (2)作业人员佩戴防护装备	
2	氮气置换	其他伤害	氮气温度过低导致操作人员冻伤	I4	C4	16	中等	(1)正确佩戴穿着劳动防护用品，如防静电服、口罩等； (2)定期检查管道上接地跨接线牢固、完好，无锈蚀； (3)严格按照操作规程的步骤进行检测，禁止跨步骤操作； 过程尽量时间短，不长时间逗留	
三、作业环境									
1	现场作业环境不良	(1)作业场地不平 (2)噪声 (3)爆炸品	现场井坑孔洞多	I4	D3	12	中等	(1)人员走动时注意脚下，不要踩踏固定不牢的沟盖板或井盖； (2)及时固定不牢固的沟盖板； (3)在不安全区域设立警示标识； (4)保持机房内环境整洁，无障碍	
			设备运行时产生的噪声过大	G6	E2	12	中等	正确佩戴劳保用品，如安全帽、保护鞋，佩戴好耳塞；	

4.2.2 调压站天然气系统置换作业(表 4-13)

表 4-13 调压站天然气系统置换作业(氮气置换空气)危险源辨识及控制措施表(JSA)

日期:

工作名称/任务:	地点:	编号:
部门:	主管人:	工作执行人职务:
编制:	审查:	批准:

作业环境条件

□室内 □室外 □冷 □热 □湿 □灰尘 □水汽 □噪声 □震动 □天气状况不良 □其他

基本工作行动

□举重 □抓取 □推 □坐 □伸展 □弯曲 □跪 □直立 □拖 □蹲 □攀爬 □其他

序号	工作步骤	潜在危险	危害原因	风险评估				风险控制措施	备注
				可能性	损失	风险值	风险等级		
一、操作准备									
1	在控制室电脑上查看设备运行状态并操作置换程序	(1)设备事故; (2)冻伤	误选画面、设备或误点击,导致设备出现异常或故障	H5	C4	12	中等	(1)检查前操作人在电脑上认真核对设备名称、编号及状态; (2)检查时操作人用手指屏幕复诵,检查正常后方可进行下一步操作; (3)操作时,精神集中,严禁跨步骤操作; (4)检查好所有的准备工作后才可按下氮气充入按钮	
二、操作过程									
1	开关ESD阀	(1)操作错误; (2)扭伤、碰伤	(1)未按操作的规章制度操作; (2)摇把操作困难或人员滑倒摔伤	I4	E2	8	一般	(1)核对开关名称和编号,检查开关状态; (2)严格按照操作票操作,减缓操作速度与幅度; (3)操作开关时手稳心细,精神集中,必须用手握紧开关调节,不可使用任何工具挑拨开关,并注意周围环境; (4)定期检测设备金属外壳接地牢固、完好,无锈蚀; (5)正确佩戴劳保用品,如安全帽、保护鞋,必要时佩戴好耳塞、手套; (6)启动设备时合理站位,站在转动设备轴向,禁止站在管道、栏杆、靠背轮罩上,避免部件故障伤人; (7)设备仪表或显示器设置在便于观察的位置; (8)保持机房内环境整洁,无障碍; (9)加强操作人员专业知识培训,熟练掌握操作步骤与应急能力	

续表

序号	工作步骤	潜在危险	危害原因	风险评估				风险控制措施	备注
				可能性	损失	风险值	风险等级		
2	机房内放散并检测氮气浓度	其他伤害	氮气温度过低导致操作人员冻伤	I4	C4	16	中等	(1)正确佩戴穿着劳动防护用品，如口罩等； (2)定期检查管道上接地跨接线牢固、完好，无锈蚀； (3)控制氮气注入温度不低于5 ℃； (4)控制气体升降速率不大于0.3 MPa/min，张贴警示标识； (5)严格按照操作规程的步骤进行检测，禁止跨步骤操作； (6)过程尽量时间短，不长时间逗留	
三、作业环境									
1	氮气运输车进厂过程	爆炸品	车辆进入天然气调压站，明火点燃天然气，发生爆炸	I4	B5	20	重大	(1)进厂区车辆必须加装防火帽； (2)严禁明火； (3)禁止使用手机	
		车辆伤害	(1)人员引导车辆时； (2)位于前方或后方； (3)车速过快； (4)车辆行驶路线错误	K2	B5	10	中等	(1)专人负责引导车辆； (2)进站口设置限速标志； (3)设置交通路线	

4.2.3 调压站压缩机启动操作(表4-14)

表4-14 调压站压缩机启动操作危险源辨识及控制措施表(JSA)

日期：

工作名称/任务：	地点：	编号：
部门：	主管人：	工作执行人职务：
编制：	审查：	批准：

作业环境条件

□室内 □室外 □冷 □热 □湿 □灰尘 □水汽 □噪声 □震动 □天气状况不良 □其他

基本工作行动

□举重 □抓取 □推 □坐 □伸展 □弯曲 □跪 □直立 □拖 □蹲 □攀爬 □其他

续表

序号	工作步骤	潜在危险	危害原因	风险评估				风险控制措施	备注
				可能性	损失	风险值	风险等级		
一、操作准备									
1	在控制室电脑上查看设备运行状态或参数	操作错误	误选画面、设备或误点击,导致设备出现异常或故障	H5	C4	12	中等	(1)检查前操作人在电脑上认真核对设备名称、编号及状态; (2)检查时操作人用手指屏幕复诵,检查正常后方可进行下一步操作; (3)加强人员的技术业务培训,及时发现异常情况,能够正确判断处理	
2	在配电室MCC盘上查看开关在“AUTO”位置	电伤害	人员误操作接触带电体,造成触电人身伤害	J3	E2	6	一般	(1)操作人员精神集中,注意周围环境,避开有能影响操作的设备或工具; (2)保证绝缘垫的绝缘性能完好,每年检测一次绝缘性能; (3)警示标识完好、清晰; (4)监护人员监护到位,及时阻止操作人员违章作业、冒险作业或其他误操作行为; (5)使用对讲机随时和控制室人员保持联系,确保现场操作人员与电脑操作人员步骤同步	
3	在机房内启动前检查压缩机、消防系统、排污阀、压力撬等设备开关位置、压力差、运行状态是否正常	(1)防护缺陷 (2)作业场地不平 (3)噪声	现场井坑孔洞多	I4	D3	12	中等	(1)人员走动时注意脚下,不要踩踏固定不牢的沟盖板或井盖; (2)及时固定不牢固的沟盖板; (3)在不安全区域设立警示标识	
			设备运行时产生的噪声过大	G6	E2	12	中等	穿戴安全帽、工作服、绝缘鞋、耳塞和等劳保用品	
4	建立通信联系	工具缺陷	通信不畅	J3	E2	6	一般	试用通信设备(对讲机),正常	

续表

序号	工作步骤	潜在危险	危害原因	风险评估				风险控制措施	备注
				可能性	损失	风险值	风险等级		
二、操作过程									
1	在控制室电脑上操作压缩机启动程序	操作错误	误选画面、设备或误点击，导致设备出现异常或故障	H5	E2	10	中等	(1)操作前操作人在电脑上认真核对设备名称、编号及状态； (2)操作时操作人用手指屏幕复诵，待监护人确认后方可进行操作； (3)加强人员的技术业务培训，及时发现异常情况，能够正确判断处理； (4)操作时，精神集中，严禁跨步骤操作； (5)检查好所有的准备工作后才可按下压缩机启动按钮； (6)加强人员的技术业务培训，及时发现异常情况，能够正确判断处理	
2	压缩机启动	(1)电伤害； (2)操作错误	误合开关	J3	C4	12	中等	(1)戴绝缘手套和防护面罩，穿防电弧服； (2)穿长袖工作服，扣好衣服和袖口； (3)谨防误碰或接触带电体； (4)检查现场接地线和接地开关状态； (5)检查室内湿度，湿度过大应采取相应措施； (6)核对开关名称和编号，检查开关状态； (7)严格按照操作票操作，减缓操作速度与幅度； (8)操作开关是手稳心细，精神集中，必须用手握紧开关调节，不可使用任何工具挑拨开关，并注意周围环境； (9)定期检测设备金属外壳接地牢固、完好，无锈蚀； (10)加强操作人员专业知识培训，熟练掌握操作步骤与应急能力； (11)执行监护制度，坚持唱票，确认设备位置、名称、名称标牌； (12)设备铭牌字迹要清晰，放置位置要恰当	
			设备误启动，压缩机启动后运转异常	J3	C4	12	中等		
			设备异常	J3	C4	12	中等		

续表

序号	工作步骤	潜在危险	危害原因	风险评估				风险控制措施	备注
				可能性	损失	风险值	风险等级		
三、现场环境									
1	现场作业环境不良	(1)作业场地不平； (2)噪声； (3)爆炸品	现场井坑孔洞多	I4	D3	12	中等	(1)人员走动时注意脚下，不要踩踏固定不牢的沟盖板或井盖； (2)及时固定不牢固的沟盖板； (3)在不安全区域设立警示标识； (4)保持机房内环境整洁，无障碍	
			设备运行时产生的噪声过大	G6	E2	12	中等	正确佩戴劳保用品，如安全帽、保护鞋，佩戴好耳塞	
			天然气泄漏，爆炸	J3	B5	15	中等	(1)进厂前，除静电； (2)穿绝缘工作服、绝缘鞋； (3)严禁明火； (4)定期检查管道上接地跨接线牢固、完好，无锈蚀； (5)携带便携式天然气检测仪，并定时查看固定式检测仪上数据，确保无泄漏	

4.2.4 调压站压缩机停机操作(表 4-15)

表 4-15 调压站压缩机停机操作危险源辨识及控制措施表(JSA)

日期：

工作名称/任务：	地点：	编号：
部门：	主管人：	工作执行人职务：
编制：	审查：	批准：

作业环境条件

□室内 □室外 □冷 □热 □湿 □灰尘 □水汽 □噪声 □震动 □天气状况不良 □其他

基本工作行动

□举重 □抓取 □推 □坐 □伸展 □弯曲 □跪 □直立 □拖 □蹲 □攀爬 □其他

序号	工作步骤	潜在危险	危害原因	风险评估				风险控制措施	备注
				可能性	损失	风险值	风险等级		
一、操作准备									
1	在控制室电脑上查看压缩机运行的状态与参数，并控制停机	操作错误	误选画面、设备或误点击	H5	C4	12	中等	(1)检查前操作人在电脑上认真核对设备名称、编号及状态； (2)检查时操作人用手指屏幕复通，检查正常后方可进行下一步操作； (3)操作时，精神集中，严禁跨步骤操作； (4)检查好所有的准备工作后才可按下压缩机停机按钮	

续表

序号	工作步骤	潜在危险	危害原因	风险评估				风险控制措施	备注
				可能性	损失	风险值	风险等级		
二、操作过程									
1	在机房操作ESD阀开关，并检查密封气气密性	(1)室内地面不平； (2)误操作	在检查的过程中，由于地面不平，突出物等，造成人员摔倒受伤	I4	D3	12	中等	(1)在停机操作过程中，严禁明火，穿工作服； (2)操作人员精神集中，注意周围环境，避开有能影响操作的设备或工具； (3)操作开关时手稳心细，精神集中，必须用手握紧开关调节，不可使用任何工具挑拨开关； (4)停机作业前提前公告，疏散无关人员； (5)警示标识完好、清晰； (6)保持机房内环境整洁； (7)保持机房内环境整洁，无障碍； (8)加强操作人员专业知识培训，熟练掌握操作步骤与应急能力； (9)监护人员监护到位，及时阻止操作人员违章作业、冒险作业或其他误操作行为； (10)主控与就地人员协调联系，主控人员密切注意操作画面，就地人员巡检到位	
			设备误启动，压缩机启动后运转异常	H5	E2	10	一般		
三、作业环境									
1	现场作业环境不良	(1)作业场地不平； (2)噪声； (3)爆炸品	现场井坑孔洞多	I4	D3	12	中等	(1)人员走动时注意脚下，不要踩踏固定不牢的沟盖板或井盖； (2)及时固定不牢固的沟盖板； (3)在不安全区域设立警示标识； (4)保持机房内环境整洁，无障碍	
			设备运行时产生的噪声过大	G6	E2	12	中等	正确佩戴劳保用品，如安全帽、保护鞋，佩戴好耳塞	
			天然气泄漏，爆炸	J3	B5	15	中等	(1)进厂前，除静电； (2)穿绝缘工作服、绝缘鞋； (3)严禁明火； (4)定期检查管道上接地跨接线牢固、完好，无锈蚀； (5)携带便携式天然气检测仪，并定时查看固定式检测仪上数据，确保无泄漏	

4.2.5 调压站天然气系统置换作业(表 4-16)

表 4-16 调压站天然气系统置换(氮气置换天然气)操作危险源辨识及控制措施表(JSA)

日期：

工作名称/任务：	地点：	编号：
部门：	主管人：	工作执行人职务：
编制：	审查：	批准：

作业环境条件

□室内 □室外 □冷 □热 □湿 □灰尘 □水汽 □噪声 □震动 □天气状况不良 □其他

基本工作行动

□举重 □抓取 □推 □坐 □伸展 □弯曲 □跪 □直立 □拖 □蹲 □攀爬 □其他

序号	工作步骤	潜在危险	危害原因	风险评估				风险控制措施	备注
				可能性	损失	风险值	风险等级		
一、操作准备									
1	在控制室的脑上查看运行状态并操作置换程序	(1)操作错误； (2)低温	误选画面、设备或误点击，导致设备出现异常或故障	H5	C4	12	中等	(1)检查前操作人在电脑上认真核对设备名称、编号及状态； (2)检查时操作人用手指屏幕复诵，检查正常后方可进行下一步操作； (3)操作时，精神集中，严禁跨步骤操作； (4)检查好所有的准备工作后才可按下氮气充入按钮	
二、操作过程									
1	开关 ESD 阀	(1)误操作； (2)冻伤	阀门的操作方法不正确	I4	E2	8	一般	(1)严格按照操作票操作，减缓操作速度与幅度； (2)检查管道法兰间导体连接正常； (3)正确佩戴劳保用品，如安全帽、保护鞋，必要时佩戴好耳塞、手套； (4)严禁触摸旋转或移动部位； (5)启动设备时合理站位，站在转动设备轴向，禁止站在管道、栏杆、靠背轮罩上，避免部件故障伤人； (6)设备仪表或显示器设置在便于观察的位置； (7)保持机房内环境整洁，无障碍； (8)加强操作人员专业知识培训，熟练掌握操作步骤与应急能力； (9)充入氮气时，严格控制氮气充入速率不大于 0.3 MPa/min，同时注意氮气温度	
2	置换		氮气置换的过程中，氮气温度过低，导致操作人员冻伤	I4	C4	16	中等		

续表

<table>
<tr><th rowspan="2">序号</th><th rowspan="2">工作步骤</th><th rowspan="2">潜在危险</th><th rowspan="2">危害原因</th><th colspan="4">风险评估</th><th rowspan="2">风险控制措施</th><th rowspan="2">备注</th></tr>
<tr><th>可能性</th><th>损失</th><th>风险值</th><th>风险等级</th></tr>
<tr><td rowspan="3">3</td><td rowspan="3">机房内放散过程，检测天然气浓度</td><td rowspan="3">(1)中毒；
(2)窒息；
(3)爆炸</td><td>氮气置换的过程中，氮气温度过低，导致操作人员冻伤</td><td>I4</td><td>C4</td><td>16</td><td>中等</td><td rowspan="3">(1)携带便携式天然气检漏仪；
(2)正确佩戴穿着劳动防护用品，如防静电服、口罩等；
(3)定期检查管道上接地跨接线牢固、完好，无锈蚀；
(4)控制氮气注入温度不低于5 ℃；
(5)控制气体升降速率不大于0.3 MPa/min；
(6)张贴警示标识；
(7)严格按照操作规程的步骤进行检测，禁止跳步骤操作；
(8)检测的过程尽量时间短，不长时间逗留</td><td rowspan="3"></td></tr>
<tr><td>检测浓度的过程中，天然气泄漏，导致人员中毒</td><td>I4</td><td>B5</td><td>20</td><td>重大</td></tr>
<tr><td>检测的过程中，天然气与管道摩擦，产生热量或遇明火发生爆炸</td><td>I4</td><td>B5</td><td>20</td><td>重大</td></tr>
<tr><td colspan="10">三、环境影响</td></tr>
<tr><td rowspan="2">1</td><td rowspan="2">氮气运输车进厂过程</td><td>爆炸品</td><td>车辆进入天然气调压站内，明火点燃天然气，发生爆炸</td><td>I4</td><td>B5</td><td>20</td><td>重大</td><td>(1)进厂区车辆必须加装防火帽；
(2)严禁明火；
(3)禁止使用手机</td><td></td></tr>
<tr><td>车辆伤害</td><td>(1)人员引导车辆时位于前方或后方；
(2)车速过快；
(3)车辆行驶路线错误</td><td>K2</td><td>B5</td><td>10</td><td>中等</td><td>(1)专人负责引导车辆；
(2)进站口设置限速标志；
(3)设置专门交通路线</td><td></td></tr>
<tr><td>2</td><td>现场噪声</td><td>噪声</td><td>设备运行时产生的噪声过大</td><td>G6</td><td>E2</td><td>12</td><td>中等</td><td>正确佩戴劳保用品，如安全帽、保护鞋，佩戴好耳塞</td><td></td></tr>
<tr><td>3</td><td>天然气调压站内天然气放散</td><td>异味、爆炸</td><td>(1)放散速度过快；
(2)空气流通条件不利</td><td>I4</td><td>C4</td><td>16</td><td>中等</td><td>(1)到天然气排放点进行检查；
(2)按时对站内进行天然气检测</td><td></td></tr>
</table>

4.2.6 燃机启动作业(表 4-17)

表 4-17 燃机启动作业危险源辨识及控制措施表(JSA)

日期：

工作名称/任务：	地点：	编号：
部门：	主管人：	工作执行人职务：
编制：	审查：	批准：

作业环境条件

□室内 □室外 □冷 □热 □湿 □灰尘 □水汽 □噪声 □震动 □天气状况不良 □其他

基本工作行动

□举重 □抓取 □推 □坐 □伸展 □弯曲 □跪 □直立 □拖 □蹲 □攀爬 □其他

序号	工作步骤	潜在危险	危害原因	风险评估				风险控制措施	备注
				可能性	损失	风险值	风险等级		
一、操作准备									
1	启动前准备	心理生理有害因素	长期监控设备运行工况引起工作疲劳；受人为或环境因素，产生情绪波动	K2	F1	2	低等	(1)按国家规定的作息时间，工作休息； (2)制定有效的工作轮班制度； (3)建立有效的职工疾病保障制度	
		误操作	监控面板按钮显示不清；功能按钮分区不合理	J3	D3	9	中等	(1)严格按照操作规程中进行操作； (2)对于易发生误操作部位设置警示标志或保护措施	
		违章指挥	未按操作的规章制度指挥	K2	E2	4	一般	严格按照规章制度进行作业指挥	
		违章操作	未按操作的规章制度操作	K2	E2	4	一般	严格按照操作票当中的工作要求进行操作	
		管理缺陷	(1)职业安全卫生管理规章制度不健全； (2)培训制度不完善； (3)事故应急预案及响应缺陷	K2	E2	4	一般	(1)完善各安全相关的制度； (2)完善应急预案，定期举行应急演练； (3)定期举行安全培训	
二、操作过程									
1	启动操作及模式转换操作	心理生理有害因素	长期监控设备运行工况引起工作疲劳；受人为或环境因素，产生情绪波动	K2	F1	2	低等	(1)按国家规定的作息时间，工作休息； (2)制定有效的工作轮班制度； (3)建立有效的职工疾病保障制度	

续表

序号	工作步骤	潜在危险	危害原因	风险评估				风险控制措施	备注
				可能性	损失	风险值	风险等级		
1	启动操作及模式转换操作	误操作	监控面板按钮显示不清；功能按钮分区不合理或操作票有误	J3	D3	9	中等	(1)严格按照操作规程中进行操作； (2)对于易发生误操作部位设置警示标志或保护措施； (3)按要求使用操作票，审核时保证内容正确，操作时监护到位	
		违章指挥	(1)未按操作的规章制度指挥；未达到操作条件发布操作命令； (2)未辨明情况错位发布操作命令或指令下达不清，沟通有障碍	K2	E2	4	一般	(1)严格按照规章制度进行作业指挥； (2)下达指令时，对操作内容描述清晰专业，严禁随意。利用对讲机和现场电话保证沟通顺畅	
		违章操作	未按操作的规章制度操作；未达到操作条件进行操作	K2	E2	4	一般	严格按照操作票当中的工作要求进行操作	
		管理缺陷	(1)职业安全卫生管理规章制度不健全； (2)培训制度不完善； (3)事故应急预案及响应缺陷	K2	E2	4	一般	(1)完善各安全相关的制度； (2)完善应急预案，定期举行应急演练； (3)定期举行安全培训	
三、作业环境									
1	现场环境不良	室内作业地面湿滑	地面有液体、易滑物	K2	E2	4	一般	(1)保持工厂内的环境卫生； (2)严格检查存在有漏液可能的设备，并定期对其进行维护； (3)对于存在液体的地面应及时进行合理有效的清理； (4)对于由地面湿滑的工作场所应穿好防滑鞋	
		作业环境空气不良	天然气、燃机尾气泄漏，经通风设施扩散，检测设备故障未及时排除有害气体	J3	F1	3	一般	(1)定期对通风设施进行清理； (2)定期对通风设施的通风效果进行评定； (3)对有害气体检测设备进行检修； (4)操作工人应佩戴好个体防护用品	
		室内采光照明不良	光照强度不足	J3	F1	3	一般	(1)应保持国家规定的光照要求，及时更换光照不足的照明设备； (2)对于易燃易爆的工作场所应更换具有相应防爆要求的照明设备	

4.2.7 燃机正常停机作业(表 4-18)

表 4-18 燃机正常停机作业危险源辨识及控制措施表(JSA)

日期：

工作名称/任务：	地点：	编号：
部门：	主管人：	工作执行人职务：
编制：	审查：	批准：

作业环境条件

□室内 □室外 □冷 □热 □湿 □灰尘 □水汽 □噪声 □震动 □天气状况不良 □其他

基本工作行动

□举重 □抓取 □推 □坐 □伸展 □弯曲 □跪 □直立 □拖 □蹲 □攀爬 □其他

序号	工作步骤	潜在危险	危害原因	风险评估				风险控制措施	备注
				可能性	损失	风险值	风险等级		
一、操作准备									
1	在控制室的电脑上开启杂用空压机	心理生理有害因素	工作疲劳;受人为或环境因素，产生情绪波动	K2	F1	2	低等	(1)按国家规定的作息时间，工作休息； (2)制定有效的工作轮班制度； (3)建立有效的职工疾病保障制度	
		误操作	监控面板按钮显示不清;功能按钮分区不合理	J3	D3	9	中等	(1)严格按照操作规程中进行操作； (2)对于易发生误操作部位设置警示标志或保护措施	
		违章指挥	未按操作的规章制度指挥	K2	E2	4	一般	严格按照规章制度进行作业指挥	
		违章操作	未按操作的规章制度操作	K2	E2	4	一般	严格按照操作票当中的工作要求进行操作	
		管理缺陷	(1)职业安全卫生管理规章制度不健全； (2)培训制度不完善； (3)事故应急预案及响应缺陷	K2	E2	4	一般	(1)完善各安全相关的制度； (2)完善应急预案，定期举行应急演练； (3)定期举行安全培训	
二、操作过程									
1	正常停机	心理生理有害因素	工作疲劳、受人为或环境因素，产生情绪波动	K2	F1	2	低等	(1)按国家规定的作息时间，工作休息； (2)建立有效的职工疾病保障制度	
		误操作	监控面板按钮显示不清;功能按钮分区不合理	J3	D3	9	中等	(1)严格按照操作规程中进行操作； (2)对于易发生误操作部位设置警示标志或保护措施	

续表

序号	工作步骤	潜在危险	危害原因	风险评估				风险控制措施	备注
				可能性	损失	风险值	风险等级		
1	正常停机	违章指挥	未辨明情况错位发布操作命令或指令下达不清，沟通有障碍	K2	E2	4	一般	(1)严格按照规章制度进行作业指挥； (2)下达指令时，对操作内容描述清晰专业，严禁随意。利用对讲机和现场电话保证沟通顺畅	
		违章操作	未按操作的规章制度操作	K2	E2	4	一般	严格按照操作票当中的工作要求进行操作	
2	盘车齿轮啮合	人身伤害	设备故障不能正常动作，造成超温超压	K2	E2	4	一般	(1)加强培训，提高处理异常情况的技术水平； (2)熟悉操作画面及报警信息，及时进行正确的干预； (3)控制室与就地检查人员沟通顺畅	
		机械伤害	啮合传动轴合入	J3	E2	6	一般	(1)确认目的，防止弄错对象； (2)正确核对现场设备名称或系统图； (3)正确佩戴耳塞、手套，穿好工作服； (4)定期检测设备完好，动作流畅，运行及时； (5)严禁触摸转动旋转的设备； (6)按正确的工具使用方法，并确认操作环境的安全； (7)作业场所应摆放安全警示标识； (8)确保工作场所的环境整洁，工具材料摆放有序； (9)监护人员监护到位，及时阻止操作人员违章作业、冒险作业或其他误操作行为； (10)加强与控制室联系，保持通信畅通； (11)加强职工安全教育培训，以及职工技能教育培训	
三、作业环境									
1	作业现场环境不良	室内采光照明不良	光照强度不足	J3	F1	3	一般	(1)应保持国家规定的光照要求，及时更换光照不足的照明设备； (2)对于易燃易爆的工作场所应更换具有相应防爆要求的照明设备	

续表

序号	工作步骤	潜在危险	危害原因	风险评估				风险控制措施	备注
				可能性	损失	风险值	风险等级		
1	作业现场环境不良	作业环境空气不良	天然气、燃机尾气泄漏，经通风设施扩散，检测设备故障未及时排除有害气体	J3	F1	3	一般	(1)定期对通风设施进行清理； (2)定期对通风设施的通风效果进行评定； (3)对有害气体检测设备进行检修； (4)操作工人应佩戴好个体防护用品	
		室内温度不适	燃机的热辐射超限	J3	F1	3	一般	实时监控厂房内的温度，对于高温的工作场所应配备相应的通风设备降低现场温度	
		噪声	燃机盘车噪声	J3	F1	3	一般	严格按照国家要求的正确佩戴噪声防护用品	

4.2.8 锅炉点火启动作业(表4-19)

表4-19 锅炉点火启动危险源辨识及控制措施表(JSA)

日期：

工作名称/任务：	地点：	编号：
部门：	主管人：	工作执行人职务：
编制：	审查：	批准：

作业环境条件

□室内 □室外 □冷 □热 □湿 □灰尘 □水汽 □噪声 □震动 □天气状况不良 □其他

基本工作行动

□举重 □抓取 □推 □坐 □伸展 □弯曲 □跪 □直立 □拖 □蹲 □攀爬 □其他

序号	工作步骤	潜在危险	危害原因	风险评估				风险控制措施	备注
				可能性	损失	风险值	风险等级		
一、操作准备									
1	接收指令，确定操作对象		工作项目不清，操作目的不正确	K2	E2	4	一般	(1)下达指令清晰、准确，正确复诵操作任务； (2)明确操作目的	
2	核对设备运行方式		未正确确定设备运行方式	J3	E2	6	一般	(1)正确核对现场设备名称及标牌； (2)对照系统图核对设备操作前及操作后的运行方式正确	

续表

序号	工作步骤	潜在危险	危害原因	风险评估				风险控制措施	备注
				可能性	损失	风险值	风险等级		
3	调用应使用操作票	(1)误操作； (2)设备损坏、火灾； (3)电伤害； (4)对电网运行产生影响	操作票填写错误、调用典型操作票错误	K2	F1	2	低等	正确填写或调用典型操作票，审核正确	
4	穿戴合适个人防护用品		个人防护用品佩戴不规范	J3	D3	9	中等	正确佩戴安全帽，穿工作服、绝缘靴，戴绝缘手套	
5	选择操作用具并检查		安全用具电压等级选用不正确；安全用具未认真检查	K2	E2	4	一般	(1)使用规格、形式合适的操作用具，现场操作用具使用完毕，放回原位； (2)操作用具规格合适	
6	建立通信联系		通信不畅	K2	E2	4	一般	试用通信设备(对讲机)，正常	
二、操作过程									
1	查天然气管路正常	(1)人身伤害； (2)设备损坏； (3)天然气中毒	(1)检查经验不足，未及时发现危险； (2)现场坑洞，高台保护措施不足	J3	D3	9	中等	(1)注意现场周边环境，实行监护制度； (2)严格执行唱票复诵、监护制度； (3)佩戴个体防护装备； (4)随身携带天然气浓度检测装备	
2	查现场电脑控制按钮，指示灯正常	(1)设备异常； (2)保护误动	(1)走错隔间； (2)误拉、误合	K2	E2	4	一般	(1)核对设备名称及编号，防止走错间隔，检查设备状态位置正确； (2)按照操作票顺序执行，禁止跳项操作； (3)严格执行唱票复诵、监护制度； (4)穿绝缘鞋，戴绝缘手套	
3	开启，关闭水泵手动门	(1)误操作； (2)高处坠落	(1)走错隔间； (2)未按照操作票顺序执行，阀门，手动门开启顺序错误； (3)高台处保护措施不足	I4	E2	8	一般	(1)核对设备名称及编号，防止走错隔间； (2)严格执行唱票复诵、监护制度； (3)使设备标识明显，人员易于辨认； (4)高处作业，系好安全带； (5)人员定期进行培训，普及操作常识	

续表

序号	工作步骤	潜在危险	危害原因	风险评估				风险控制措施	备注
				可能性	损失	风险值	风险等级		
4	如出口压力低于0.15 MPa,开启工业冷却水泵	(1)误操作; (2)设备失效,压力失常	(1)压力探测仪异常; (2)人员误读压力表; (3)设备不灵敏,压力控制精度不足	I4	C4	16	中等	(1)核对设备名称及编号,防止走错间隔; (2)严格按照操作票执行,认真确认压力表读数; (3)定期对压力表进行检测,保护压力表精度; (4)定期对设备进行检修,确保设备灵敏度	
5	若二次门和平衡门未打开,联系热控人员打开	设备异常	(1)现场信号不佳,通信失效; (2)热控人员擅离职守	K2	B5	10	中等	(1)整体操作前确认热控人员是否到位,否则不能进行操作; (2)保持现场信号畅通,操作信号能够及时送达; (3)对双方人员进行教育,确保工作时认真负责,绝不擅离职守	
6	启动送风机	(1)设备损坏; (2)听力损伤	(1)风机没有进行定期检修,设备老化; (2)风机隔声减噪措施不足; (3)人员未配备个体防护装备	G6	E2	12	中等	(1)对设备进行定期维护和检修,保持及其运行流畅; (2)改进加强风机降噪力度; (3)人员配备个体防护装备,预防听力损伤; (4)按要求对设备测温测振检查,判断运行状态是否正常	
7	投入电加热装置	(1)爆炸; (2)设备损坏	(1)电加热装置开关投放错误,主辅路不一致; (2)时间计算错误,不足 5 min 或超过 5 min	G6	E2	12	中等	(1)核对设备名称及编号,正确使用投放控制装置; (2)保证计时器精准,人员时刻在岗准备	
三、作业环境									
1	作业现场环境不良	室内采光照明不良	光照强度不足	J3	1	3	一般	(1)应保持国家规定的光照要求,及时更换光照不足的照明设备; (2)对于易燃易爆的工作场所应更换具有相应防爆要求的照明设备	
		作业环境空气不良	天然气、燃机尾气泄漏,经通风设施扩散,检测设备故障未及时排除有害气体	J3	F1	3	一般	(1)定期对通风设施进行清理; (2)定期对通风设施的通风效果进行评定; (3)对有害气体检测设备进行检修; (4)操作工人应佩戴好个体防护用品	

续表

序号	工作步骤	潜在危险	危害原因	风险评估				风险控制措施	备注
				可能性	损失	风险值	风险等级		
1	作业现场环境不良	室内温度不适	燃机的热辐射超限	J3	F1	3	一般	实时监控厂房内的温度，对于高温的工作场所应配备相应的通风设备降低现场温度	
		噪声	燃机盘车噪声	J3	F1	3	一般	严格按照国家要求的正确佩戴噪声防护用品	

4.2.9 锅炉停炉作业(表 4-20)

表 4-20 锅炉停炉危险源辨识及控制措施表(JSA)

日期：

工作名称/任务：	地点：	编号：
部门：	主管人：	工作执行人职务：
编制：	审查：	批准：

作业环境条件
□室内 □室外 □冷 □热 □湿 □灰尘 □水汽 □噪声 □震动 □天气状况不良 □其他

基本工作行动
□举重 □抓取 □推 □坐 □伸展 □弯曲 □跪 □直立 □拖 □蹲 □攀爬 □其他

序号	工作步骤	潜在危险	危害原因	风险评估				风险控制措施	备注
				可能性	损失	风险值	风险等级		
一、操作准备									
1	接收指令，确定操作对象	(1)操作错误； (2)设备损坏、火灾； (3)电伤害； (4)对电网运行产生影响	工作项目不清，操作目的不正确	K2	E2	4	一般	(1)下达指令清晰、准确，正确复诵操作任务； (2)明确操作目的	
2	核对设备运行方式		未正确确定设备运行方式	J3	E2	6	一般	(1)正确核对现场设备名称及标牌； (2)对照系统图核对设备操作前及操作后的运行方式正确	
3	调用应使用操作票		操作票填写错误、调用典型操作票错误	K2	F1	2	低等	正确填写或调用典型操作票，审核正确	
4	穿戴合适个人防护用品		个人防护用品佩戴不规范	J3	D3	9	中等	正确佩戴安全帽，穿工作服、绝缘靴，戴绝缘手套	

续表

序号	工作步骤	潜在危险	危害原因	风险评估				风险控制措施	备注
				可能性	损失	风险值	风险等级		
5	选择操作用具并检查		安全用具电压等级选用不正确;安全用具未认真检查	K2	E2	4	一般	(1)选择正确的电压等级的安全用具; (2)安全用具有统一、清晰的编号及试验合格编号,试验合格,在有效期之内; (3)绝缘部分的表面无裂纹、破损或污渍; (4)绝缘手套卷曲充气检查不漏气,无机械损伤,试验合格,在有效期之内; (5)绝缘靴表面无裂纹、破损,试验合格,在有效期之内; (6)携带型短路接地线导线、线卡及导线护套符合标准要求,固定螺丝无松动现象; (7)携带型短路接地线的编号应明显,并注明适用的电压等级; (8)验电器的自检正常	
6	建立通信联系		通信不畅	K2	E2	4	一般	试用通信设备(对讲机),正常	
二、操作过程									
1	关闭水泵,电气手动门,自动门	(1)误操作; (2)高处坠落	(1)走错隔间; (2)未按照操作票顺序执行,阀门,手动门开启顺序错误; (3)高台处保护措施不足	I4	E2	2	一般	(1)核对设备名称及编号,防止走错隔间; (2)严格执行唱票复诵、监护制度; (3)使设备标识明显,人员易于辨认; (4)高处作业,系好安全带; (5)人员定期进行培训,普及操作常识	
2	上水至#1启动锅炉汽包水位+100 mm后停止	(1)操作失误; (2)压力失常,爆炸	(1)人员误读水位表; (2)设备不灵敏,上水控制失效	I4	C4	16	中等	(1)核对设备名称及编号,防止走错间隔; (2)严格按照操作票执行,认真确认压力表读数; (3)定期对水位表进行检测,保护水位表精度; (4)定期对设备进行检修,确保设备灵敏度; (5)高处作业,系好安全带	

续表

序号	工作步骤	潜在危险	危害原因	风险评估				风险控制措施	备注
				可能性	损失	风险值	风险等级		
三、作业环境									
1	作业现场环境	室内采光照明不良	光照强度不足	J3	F1	3	一般	(1)应保持国家规定的光照要求，及时更换光照不足的照明设备； (2)对于易燃易爆的工作场所应更换具有相应防爆要求的照明设备	
		作业环境空气不良	天然气、燃机尾气泄漏，经通风设施扩散，检测设备故障未及时排除有害气体	J3	F1	3	一般	(1)定期对通风设施进行清理； (2)定期对通风设施的通风效果进行评定； (3)对有害气体检测设备进行检修； (4)操作工人应佩戴好个体防护用品	
		室内温度不适	燃机的热辐射超限	J3	F1	3	一般	实时监控厂房内的温度，对于高温的工作场所应配备相应的通风设备降低现场温度	
		噪声	燃机盘车噪声	J3	F1	3	一般	严格按照国家要求正确佩戴噪声防护用品	

4.2.10 发电机充氢作业(表 4-21)

表 4-21 发电机充氢作业危险源辨识及控制措施表(JSA)

日期：

工作名称/任务：	地点：	编号：
部门：	主管人：	工作执行人职务：
编制：	审查：	批准：

作业环境条件

□室内 □室外 □冷 □热 □湿 □灰尘 □水汽 □噪声 □震动 □天气状况不良 □其他

基本工作行动

□举重 □抓取 □推 □坐 □伸展 □弯曲 □跪 □直立 □拖 □蹲 □攀爬 □其他

序号	工作步骤	潜在危险	危害原因	风险评估				风险控制措施	备注
				可能性	损失	风险值	风险等级		
一、准备过程									
1	在控制室电脑上查看设备运行状态或参数	操作错误	误选画面、设备或误点击，导致设备出现异常或故障	H5	C4	12	中等	(1)检查前操作人在电脑上认真核对设备名称、编号及状态； (2)检查时操作人用手指屏幕复诵，检查正常后方可进行下一步操作； (3)加强人员的技术业务培训，及时发现异常情况，能够正确判断处理	

续表

序号	工作步骤	潜在危险	危害原因	风险评估				风险控制措施	备注
				可能性	损失	风险值	风险等级		
2	确认二氧化碳蒸发器水温，打开阀门调节装置出口压力	误操作	各仪器设备阀门、开关误开启	J3	D3	9	中等	(1)严格按照操作规程中进行操作； (2)对于易发生误操作部位设置警示标志或保护措施	
二、操作过程									
1	调整二氧化碳纯度至合格	(1)误操作； (2)化学性危险(易燃易爆)	(1)各仪器设备阀门、开关误开启； (2)氢气泄漏引起爆燃	J3	D3	9	中等	(1)严格按照操作规程中进行操作； (2)对于易发生误操作部位设置警示标志或保护措施	
				J3	A6	18	重大	(1)检查人员穿防静电工作服，禁止携带移动通信工具； (2)充氢期间，氢站检查人员穿防静电工作服，禁止携带移动通信工具	
2	发电机充氢	(1)电伤害； (2)操作错误	人员误操作	J3	D3	9	中等	人员佩戴安全防护装备；按规章制度正确操作	
			各仪器设备阀门、开关误开启	J3	D3	9	中等	(1)严格按照操作规程中进行操作； (2)对于易发生误操作部位设置警示标志或保护措施	
3	控制阀门调节发电机内气压和氢气纯度	(1)爆炸； (2)误操作	(1)气压调节操作失误； (2)仪器设备缺陷	J3	A6	18	重大	(1)定期检修设备，人员佩戴安全防护装备； (2)按规章制度正确操作	
			各仪器设备阀门、开关误开启	J3	D3	9	中等	(1)严格按照操作规程中进行操作； (2)对于易发生误操作部位设置警示标志或保护措施	
三、现场环境									
1	现场作业环境不良	(1)作业场地不平； (2)噪声； (3)爆炸品	现场井坑孔洞多	I4	D3	12	中等	(1)人员走动时注意脚下，不要踩踏固定不牢的沟盖板或井盖； (2)及时固定不牢固的沟盖板； (3)在不安全区域设立警示标识； (4)保持机房内环境整洁，无障碍	
			设备运行时产生的噪声过大	G6	E2	12	中等	(1)正确佩戴劳保用品，如安全帽、保护鞋，佩戴好耳塞； (2)定时检测工作区域氢气浓度	

4.2.11 发电机排氢作业(表 4-22)

表 4-22 ＃1 发电机排氢作业危险源辨识及控制措施表(JSA)

日期：

工作名称/任务：	地点：	编号：
部门：	主管人：	工作执行人职务：
编制：	审查：	批准：

作业环境条件

□室内 □室外 □冷 □热 □湿 □灰尘 □水汽 □噪声 □震动 □天气状况不良 □其他

基本工作行动

□举重 □抓取 □推 □坐 □伸展 □弯曲 □跪 □直立 □拖 □蹲 □攀爬 □其他

序号	工作步骤	潜在危险	危害原因	风险评估				风险控制措施	备注
				可能性	损失	风险值	风险等级		
一、准备过程									
1	检查确定二氧化碳蒸发器各阀门状态正常并向蒸发器送电加热	(1)误操作； (2)烫伤	各仪器设备阀门、开关误开启	J3	D3	9	中等	(1)严格按照操作规程中进行操作； (2)对于易发生误操作部位设置警示标志或保护措施	
			发生高温气体或液体泄漏	J3	D3	9	中等	(1)确认目的，防止弄错对象； (2)正确核对现场设备名称或系统图； (3)按规定执行操作监护； (4)按规定执行操作监护，操作中坚持唱票复诵制； (5)按票操作，逐项打钩，不得跳项； (6)正确佩戴耳塞、手套，穿好防护绝缘鞋、工作服，依据情况佩戴防尘设备； (7)设备标识清晰，指针调节准确	
二、操作过程									
1	控制阀门调节发电机内压力及气体纯度		各仪器设备阀门、开关误开启	J3	D3	9	中等	(1)严格按照操作规程中进行操作 (2)对于易发生误操作部位设置警示标志或保护措施	
			(1)氢气泄漏引起爆燃或压力超过临界值； (2)发电机内氢气未排净，氢气检测装置未正确投入	J3	A6	18	重大	(1)检查人员穿防静电工作服，禁止携带移动通信工具； (2)监视蒸发器液位在正常状态； (3)严密监视压汽包水位； (4)正确佩戴耳塞、手套，穿好防护绝缘鞋、工作服，依据情况佩戴防尘设备	

续表

序号	工作步骤	潜在危险	危害原因	风险评估				风险控制措施	备注
				可能性	损失	风险值	风险等级		
1	控制阀门调节发电机内压力及气体纯度	(1)误操作； (2)化学性危险(易燃易爆)； (3)烫伤； (4)电伤害	各仪器设备阀门、开关误开启	J3	D3	9	中等	(1)加强职工安全教育培训，以及职工技能教育培训； (2)正确核对现场设备名称或系统图； (3)确认设备正常投入使用	
			发生高温气体或液体泄漏	J3	D3	9	中等	(1)确认目的，防止弄错对象； (2)正确核对现场设备名称或系统图； (3)按规定执行操作监护； (4)按规定执行操作监护，操作中坚持唱票复诵制，按票操作，逐项打钩，不得跳项； (5)正确佩戴耳塞、手套，穿好防护绝缘鞋、工作服，依据情况佩戴防尘设备	
			设备损坏或人员误操作	H5	D3	15	中等	定期检修设备，人员佩戴安全防护装备	
2	连接仪用空气临时管，控制阀门调整发电机内至微正压，置换完成	(1)误操作； (2)爆炸	各仪器设备阀门、开关误开启	J3	D3	9	中等	(1)严格按照操作规程中进行操作； (2)对于易发生误操作部位设置警示标志或保护措施	
			(1)设备损坏或人员误操作； (2)氢气泄漏引起爆燃	J3	A6	18	重大	定期检修设备，人员佩戴安全防护装备	
三、现场环境									
1	现场作业环境不良	(1)作业场地不平； (2)噪声； (3)爆炸品	(1)地面有液体、易滑物； (2)氢气泄漏，排放速度过快	K2	E2	4	一般	(1)人员走动时注意脚下，不要踩踏固定不牢的沟盖板或井盖； (2)及时固定不牢固的沟盖板； (3)在不安全区域设立警示标识； (4)保持机房内环境整洁，无障碍； (5)定时检测工作区域氢气浓度，控制排放速度在允许范围	

4.2.12 调压站天然气系统置换(表 4-23)

表 4-23 调压站天然气系统置换(天然气置换氮气)操作危险源辨识及控制措施表(JSA)

日期：

工作名称/任务：	地点：	编号：
部门：	主管人：	工作执行人职务：
编制：	审查：	批准：

作业环境条件

□室内 □室外 □冷 □热 □湿 □灰尘 □水汽 □噪声 □震动 □天气状况不良 □其他

基本工作行动

□举重 □抓取 □推 □坐 □伸展 □弯曲 □跪 □直立 □拖 □蹲 □攀爬 □其他

序号	工作步骤	潜在危险	危害原因	风险评估				风险控制措施	备注
				可能性	损失	风险值	风险等级		
一、操作准备									
1	在控制室的电脑上查看运行状态并操作置换程序	(1)操作错误； (2)爆炸	误选画面、设备或误点击，导致设备出现异常或故障	H5	C4	12	中等	(1)检查前操作人在电脑上认真核对设备名称、编号及状态； (2)检查时操作人用手指屏幕复诵，检查正常后方可进行下一步操作； (3)操作时，精神集中，严禁跨步骤操作； (4)检查好所有的准备工作后才可按下充入按钮； (5)充入氮气时，严格控制天然气充入速率不大于 0.3 MPa/min	
			在置换的过程中，气体排放速率快，与管道摩擦。发生爆炸	I4	C4	16	中等		
二、操作过程									
1	开关 ESD 阀	(1)扭伤碰伤； (2)噪声； (3)设备故障	阀门操作不当	I4	E2	8	一般	(1)严格按照操作票操作，减缓操作速度与幅度； (2)检查管道法兰间导体连接正常； (3)正确佩戴劳保用品，如安全帽、保护鞋，必要时佩戴好耳塞、手套； (4)严禁触摸旋转或移动部位； (5)启动设备时合理站位，站在转动设备轴向，禁止站在管道、栏杆、靠背轮罩上，避免部件故障伤人； (6)设备仪表或显示器设置在便于观察的位置； (7)保持机房内环境整洁，无障碍； (8)加强操作人员专业知识培训，熟练掌握操作步骤与应急能力	
		误操作	设备误启动，压缩机启动后运转异常	H5	E2	10	中等		

续表

序号	工作步骤	潜在危险	危害原因	风险评估				风险控制措施	备注
				可能性	损失	风险值	风险等级		
2	机房内放散过程，检测天然气浓度	(1)中毒； (2)爆炸	检测浓度的过程中，天然气泄漏，导致人员中毒	I4	B5	20	重大	(1)正确佩戴穿着劳动防护用品，如防静电服、口罩等； (2)控制天然气充入速率不大于0.3 MPa/min； (3)严格按照操作规程的步骤进行检测，禁止跨步骤操作； (4)操作天然气阀门时，使用专用的铜质工具，严禁用其他金属工具； (5)张贴警示标识，增强人员监护； (6)检测的过程尽量时间短，不长时间逗留	
			检测的过程中，天然气与管道摩擦，产生热量或遇明火发生爆炸	I4	B5	20	重大		
三、作业环境									
1	氮气运输车进厂过程	爆炸品	车辆进入天然气调压间，明火点燃天然气，发生爆炸	I4	B5	20	重大	(1)进厂区车辆必须加装防火帽； (2)严禁明火； (3)禁止使用手机	
		车辆伤害	(1)人员引导车辆时位于前方或后方； (2)车速过快； (3)车辆行驶路线错误	K2	B5	10	中等	(1)专人负责引导车辆； (2)进站口设置限速标志； (3)设置专门交通路线	
2	现场噪声	噪声	设备运行时产生的噪声过大	G6	E2	12	中等	正确佩戴劳保用品，如安全帽、保护鞋，佩戴好耳塞	

4.2.13 热网系统投运作业(表 4-24)

表 4-24 热网系统投运作业危险源辨识及控制措施表(JSA)

日期：

工作名称/任务：	地点：	编号：
部门：	主管人：	工作执行人职务：
编制：	审查：	批准：

作业环境条件

□室内 □室外 □冷 □热 □湿 □灰尘 □水汽 □噪声 □震动 □天气状况不良 □其他

基本工作行动

□举重 □抓取 □推 □坐 □伸展 □弯曲 □跪 □直立 □拖 □蹲 □攀爬 □其他

续表

序号	工作步骤	潜在危险	危害原因	风险评估				风险控制措施	备注
				可能性	损失	风险值	风险等级		
一、操作准备									
1	接收指令，确定操作对象	(1)误操作； (2)设备损坏、火灾； (3)触电、电弧灼伤； (4)对电网运行产生影响； (5)操作无法进行	工作项目不清，操作目的不正确	I4	E2	8	一般	(1)下达指令清晰、准确，正确复诵操作任务； (2)明确操作目的	
2	核对设备运行方式		未正确确定设备运行方式	I4	D3	12	中等	(1)正确核对现场设备名称及标牌； (2)对照系统图核对设备操作前及操作后的运行方式正确	
3	在ERP系统中填写操作票或调用典型操作票		操作票填写错误、调用典型操作票错误	I4	D3	12	中等	正确填写或调用典型操作票，审核正确	
4	穿戴合适个人防护用品		个人防护用品佩戴不规范	I4	F1	4	一般	正确佩戴安全帽，穿工作服、绝缘靴，戴绝缘手套	
5	选择操作用具并检查		安全用具电压等级选用不正确；安全用具未认真检查	I4	F1	4	一般	(1)选择正确的电压等级的安全用具； (2)安全用具有统一、清晰的编号及试验合格编号，试验合格，在有效期之内； (3)绝缘部分的表面无裂纹、破损或污渍； (4)绝缘手套卷曲充气检查不漏气，无机械损伤，试验合格，在有效期之内； (5)绝缘靴表面无裂纹、破损，试验合格，在有效期之内； (6)携带型短路接地线导线、线卡及导线护套符合标准要求，固定螺丝无松动现象； (7)携带型短路接地线的编号应明显，并注明适用的电压等级； (8)验电器的自检正常	
6	建立通信联系		通信不畅	I4	F1	4	一般	试用通信设备(对讲机)，正常	

续表

序号	工作步骤	潜在危险	危害原因	风险评估				风险控制措施	备注
				可能性	损失	风险值	风险等级		
二、操作过程									
1	检查与燃机供热网整个系统有关工作结束，且全部终结，检查燃机机组各项数据	设备事故	误选画面、设备或误点击，导致设备出现异常或故障	I4	B5	20	重大	(1)检查前操作人在电脑上认真核对设备名称、编号及状态； (2)检查时操作人用手指屏幕复诵，检查正常后方可进行下一步操作； (3)加强人员的技术业务培训，及时发现异常情况，能够正确判断处理	
2	按照工作流程操作热网，进行热网投入，并取样化验	(1)触电； (2)保护误动； (3)设备故障	(1)人员误操作接触带电体，造成触电人身伤害； (2)操作人员未按规定佩戴隔热手套； (3)操作人员超过安全线进行操作	I4	D3	12	中等	(1)操作人员精神集中，注意周围环境，避开有能影响操作的设备或工具； (2)保证绝缘垫的绝缘性能完好，每年检测一次绝缘性能； (3)警示标识完好、清晰； (4)监护人员监护到位，及时阻止操作人员违章作业、冒险作业或其他误操作行为； (5)使用对讲机随时和控制室人员保持联系，确保现场操作人员与电脑操作人员步骤同步； (6)按规定佩戴防护隔热手套； (7)确保操作人员在安全线内进行操作，不越线	
3	化验人员前往热网疏水排放处取样化验	(1)摔伤； (2)听力损伤； (3)灼烫	(1)现场井坑孔洞多； (2)设备运行时产生的噪声过大； (3)走错隔间； (4)操作人员未按规定佩戴隔热手套； (5)操作人员超过安全线进行操作	I4	B5	20	重大	(1)人员走动时注意脚下，不要踩踏固定不牢的沟盖板或井盖； (2)及时固定不牢固的沟盖板； (3)在不安全区域设立警示标识； (4)穿戴安全帽、绝缘鞋、耳塞和防尘口罩等劳保用品； (5)按规定佩戴防护隔热手套； (6)确保操作人员在安全线内进行操作，不越线	

续表

序号	工作步骤	潜在危险	危害原因	风险评估				风险控制措施	备注
				可能性	损失	风险值	风险等级		
4	在控制室的DSC电脑上对热网系统及主机系统进行全面检查	(1)设备故障； (2)火灾	(1)误选画面、设备或误点击，导致设备出现异常或故障； (2)在启动的瞬间电流过大，电机烧毁燃烧； (3)操作时跳项、漏项导致设备出现异常或故障	I4	D3	12	中等	(1)操作前操作人在电脑上认真核对设备名称、编号及状态； (2)操作时操作人用手指屏幕复诵，待监护人确认后方可进行操作； (3)加强人员的技术业务培训，及时发现异常情况，能够正确判断处理； (4)按正确方法使用工具，手拿稳，精神集中，注意周围环境； (5)操作时，精神集中，严禁跨步骤操作； (6)检查好所有的准备工作后才可按下压缩机启动按钮； (7)现场配备好消防器材	
三、作业环境									
1	高温环境	高温中暑	人身伤害	H5	E2	10	中等	(1)工作人员轮换工作； (2)备足饮用水及防暑药物	
2	空间狭小	触及高温部件	人身伤害	I4	D3	12	中等	派专人安全监督	

第 5 章　燃电企业维修期间 JSA 风险评估应用实例分析

本章以北京市京丰燃气发电企业为例，对其维修期间的风险进行 JSA 评估。维修期间的作业清单如表 5-1 所示，共包含 20 个典型作业。

表 5-1　JSA 设备维护类清单

序号	作业名称
1	燃机燃烧器检修作业
2	燃机透平检修作业
3	天然气压缩机二级保养作业
4	汽包内部检修作业
5	防磨防爆检查作业
6	TCA 风机检修作业
7	循环水泵大修作业
8	燃机发电机大修作业
9	燃机主变大修作业
10	燃机 2201 开关小修作业
11	反渗透检修作业
12	卸盐酸泵检修作业
13	燃机保护传动试验检修作业
14	燃机自动系统检修作业
15	燃机罩壳及排气段可燃气泄漏检测仪检修作业
16	燃机变送器校验检修作业
17	220 V 蓄电池核对性充放电作业
18	燃机发电机保护校验检修作业
19	燃机低压电机大修作业
20	真空断路器电气试验作业

5.1　燃机燃烧器检修作业(表 5-2)

表 5-2　燃机燃烧器检修作业危险源辨识及控制措施表(JSA)

日期：

工作名称/任务：	地点：	编号：
部门：	主管人：	工作执行人职务：
编制：	审查：	批准：
作业环境条件 □室内　□室外　□冷　□热　□湿　□灰尘　□水汽　□噪声　□震动　□天气状况不良　□其他		

续表

基本工作行动

□举重 □抓取 □推 □坐 □伸展 □弯曲 □跪 □直立 □拖 □蹲 □攀爬 □其他

序号	工作步骤	潜在危险	危害原因	风险评估				风险控制措施	备注
				可能性	损失	风险值	风险等级		
一、修前准备									
1	确认安全措施	(1)设备损坏； (2)人身伤害	设备未隔离	K2	B5	10	中等	(1)维修前确认设备名称和位置； (2)确认停电开关，确认安全措施执行情况； (3)工作前确认是否泄压	
2	检测天然气浓度	爆炸	未清理完全残留的天然气，遇明火、静电等发生爆炸	K2	A6	12	中等	(1)检查各部件与燃料气系统、点火系统及火焰探测系统是否完全解列； (2)氮气置换完全，并使用天然气检测仪进行检测	
3	电动工具的准备	(1)触电； (2)设备损坏	(1)未参加相关培训，未按要求填写《检修作业指导书》； (2)使用不合适的工具或工具准备不全； (3)使用过期的电动工具； (4)未准备好相关图纸、技术数据、原始资料	K2	B5	10	中等	(1)严格执行定制管理要求； (2)按检修要求准备工具并确认电动工具在合格期内； (3)按检修要求准备好图纸、技术数据、原始资料	
二、检修过程									
1	炉外保温拆除	(1)高处坠落； (2)物体打击； (3)高温烫伤	(1)安全带、差速器未使用或安装不当； (2)设备或材料没有做好防坠落措施； (3)未正确使用劳动防护用品	I4	D3	12	中等	(1)正确佩戴安全帽、安全带、差速器； (2)一律使用工具袋； (3)安全带高挂低用，且挂在牢固的物体上； (4)正确使用劳防用品，穿棉质连体服	
2	燃烧器喷嘴清理	(1)中暑； (2)烫伤； (3)窒息	(1)环境温度高； (2)未正确佩戴劳动防护用品	J3	E2	6	一般	(1)温度在 60 ℃以上时不准入内进行工作； (2)打开人孔门，加强通风； (3)穿戴好工作服、手套、口罩等防护用品	

续表

序号	工作步骤	潜在危险	危害原因	风险评估				风险控制措施	备注
				可能性	损失	风险值	风险等级		
3	起重作业	起重伤害	使用的起重机械不合格或操作不规范	I4	B5	20	重大	(1)使用前检测起重机械,保证其完好,如挂钩、吊索具等; (2)穿戴防护手套、戴安全帽等; (3)吊物必须捆绑牢固,保持重心稳定; (4)专人指挥起吊,避免吊物下站人; (5)设置隔离措施	
4	电焊作业	(1)触电; (2)火灾; (3)烫伤; (4)电焊烟尘	电焊作业未开动火票、未做好防火措施	H5	C4	20	重大	(1)检查点焊机完好,是否存在绝缘破损、漏电保护器失效等现象; (2)按要求办理二级动火票; (3)准备好相应的应急物资; (4)检查周围是否存在易燃物,及时清理; (5)乙炔瓶使用过程中要有防回火措施,且与氧气瓶间距大于5 m,两瓶做好防倾倒措施在炉外使用; (6)焊接人员进行作业时,应穿戴好工作服,绝缘鞋,面罩,耐火手套等符合专业防护要求的劳动防护用品,衣着不得敞领卷袖; (7)焊工在施工时应采取防止电焊电压触电的措施; (8)电焊工作结束后,必须及时切断电源,确认周围没有遗留火种后才可离开; (9)焊接岗位加强通风	
5	保温恢复	(1)高处坠落; (2)高温烫伤; (3)物体打击	(1)安全带、差速器未使用或安装不当; (2)设备或材料没有做好防坠落措施; (3)未正确使用劳动防护用品	K2	B5	10	中等	(1)正确佩戴安全帽、安全带、差速器; (2)一律使用工具袋; (3)安全带高挂低用,且挂在牢固的物体上; (4)正确使用劳防用品,穿棉质连体服	

续表

序号	工作步骤	潜在危险	危害原因	风险评估				风险控制措施	备注
				可能性	损失	风险值	风险等级		
6	封人孔门	(1)设备损坏； (2)人身伤害	工具和人员遗留在设备中	J3	C4	12	中等	(1)作业组成员的着装要符合工作要求，参与人员穿定制连体服，并且不要把无关的物品放入口袋； (2)现场工具柜和工具、零部件放置有序，拆下的零部件须妥善保管并作好记号以便回装； (3)在检修中使用扁铲、铁丝、锯条等工具时，要时刻注意不能将断头掉入燃烧器内部	
7	整体试运行	(1)触电； (2)设备损坏； (3)物体打击	(1)安全措施未恢复； (2)触碰电机或转动部位； (3)误操作； (4)工作票未归档； (5)电源线未密封	I4	C4	16	中等	(1)确认工作票已经归档； (2)确认恢复安全措施； (3)试运行时专人现场监护	
8	结束工作	(1)设备损坏； (2)人身伤害； (3)设备故障	(1)遗漏工器具； (2)现场遗留维修杂物； (3)未拆除临时用电； (4)不结束工作票，结束工作票之后继续工作	K2	B5	10	中等	(1)收齐并检查工器具； (2)打扫维修杂物； (3)拆除临时用电； (4)结束工作票，并归档	
三、现场环境									
1	高处作业	(1)高处坠落； (2)物体打击	(1)安全带、差速器未使用或安装不当； (2)设备或材料没有做好防坠落措施； (3)未正确使用劳动防护用品	K2	A6	12	中等	(1)正确佩戴安全帽、安全带、差速器； (2)一律使用工具袋； (3)安全带高挂低用，且挂在牢固的物体上； (4)正确使用劳防用品，穿棉质连体服； (5)做好拆卸下来的保温材料的防坠落措施	
3	高温作业	(1)烫伤； (2)中暑	(1)环境温度高； (2)未正确穿戴劳动防护用品	I4	C4	16	中等	(1)温度在 60 ℃以上时不准入内进行工作； (2)打开人孔门，加强通风； (3)穿戴好工作服、手套、口罩等防护用品	

5.2 燃机透平检修作业(表5-3)

表5-3 燃机透平检修作业危险源辨识及控制措施表(JSA)

日期：

工作名称/任务：	地点：	编号：
部门：	主管人：	工作执行人职务：
编制：	审查：	批准：

作业环境条件

□室内 □室外 □冷 □热 □湿 □灰尘 □水汽 □噪声 □震动 □天气状况不良 □其他

基本工作行动

□举重 □抓取 □推 □坐 □伸展 □弯曲 □跪 □直立 □拖 □蹲 □攀爬 □其他

序号	工作步骤	潜在危险	危害原因	风险评估				风险控制措施	备注
				可能性	损失	风险值	风险等级		
一、保养前准备									
1	系统泄压	喷出气体伤害	(1)未检查和测定系统压力就工作；(2)系统未完全泄压导致气流外喷；(3)放气管或局部堵塞	K2	B5	10	中等	(1)办理工作票，确认执行安全措施；(2)双人共同确认阀门上锁，挂警示牌；(3)测量和确认系统泄压为零；(4)穿戴好安全防护用品，如面罩灯	
2	保养前测电	(1)触电；(2)电弧灼伤；(3)火灾	(1)误判；(2)使用错误的验电装置；(3)误碰到带电体	J3	C4	12	中等	(1)双人共同确定正确的开关或设备位置；(2)戴绝缘手套、面罩、穿绝缘鞋和防电弧服；(3)按操作规程正确操作	
二、检修过程									
1	手工搬运	(1)扭伤；(2)设备损坏	(1)手工搬运方法或拌匀姿势不当；(2)用力不当或蛮干；(3)物件过重，未使用工具或器具；(4)员工未经过培训，缺乏经验	I4	C4	16	中等	(1)进行手工搬运培训；(2)使用正确的姿势搬运；(3)提供适当的搬运工具或其他工具	

续表

序号	工作步骤	潜在危险	危害原因	风险评估				风险控制措施	备注
				可能性	损失	风险值	风险等级		
2	打开管线、法兰等	(1)中毒； (2)高处坠落； (3)人身伤害； (4)机械伤害； (5)触电； (6)摔伤	(1)未切断或局部积压高压燃气气流泄出； (2)作业人员处于高压气流喷出位置； (3)未使用防护面罩等劳防用品； (4)使用不合适工具或方法，如撬棍，气割等； (5)高处作业无合适平台，脚手架，不戴或未正确系安全带； (6)管线吊装等	I4	B5	20	重大	(1)办理工作票，执行安全措施，监护人到位； (2)作业人员必须参加培训； (3)双人共同上锁，挂警示标志； (4)测量和确认系统泄压为零； (5)做好现场安全隔离措施，如登高作业，检查平台； (6)防护林等安全防护装置是否符合要求； (7)穿戴合适的工作服，防护服，防护面罩和安全带； (8)管线打开松螺丝时应由远及近，避免面对馆内物质可能喷出的位置； (9)对丝扣连接，打开时应先松开1～2丝，确认无残留压力和残液泄漏后，再小心分离； (10)管线吊装必须符合吊装作业要求	
3	氮气置换	冻伤	氮气置换的过程中，氮气温度过低，导致操作人员冻伤	I4	C4	16	中等	(1)携带便携式天然气检漏仪； (2)正确佩戴穿着劳动防护用品，如防静电服、口罩等； (3)定期检查管道上接地跨接线牢固、完好，无锈蚀； (4)控制氮气注入温度不低于5 ℃； (5)控制气体升降速率不大于0.3 MPa/min； (6)张贴警示标识； (7)严格按照操作规程的步骤进行检测，禁止跳步骤操作； (8)检测的过程尽量时间短，不长时间逗留	
4	结束工作	(1)设备损坏； (2)人身伤害； (3)触电	(1)遗漏工器具； (2)现场遗留维修杂物； (3)未拆除临时用电； (4)不结束工作票，结束工作票之后继续工作	K2	B5	10	中等	(1)收齐并检查工器具； (2)打扫维修杂物； (3)拆除临时用电； (4)结束工作票，并归档	

续表

序号	工作步骤	潜在危险	危害原因	风险评估				风险控制措施	备注
				可能性	损失	风险值	风险等级		
三、作业环境									
1	高噪声	噪声	运行风机、压缩机等设备产生的噪声	K2	A6	12	中等	(1)采取控制噪声措施，加强日常维护； (2)佩戴耳塞，在特高噪声区使用耳罩； (3)定期进行噪声检测； (4)对员工听力定期检测	

5.3 天然气压缩机组二级保养作业(表 5-4)

表 5-4 天然气压缩机组二级保养作业危险源辨识及控制措施表(JSA)

日期：

工作名称/任务：	地点：	编号：
部门：	主管人：	工作执行人职务：
编制：	审查：	批准：

作业环境条件
□室内 □室外 □冷 □热 □湿 □灰尘 □水汽 □噪声 □震动 □天气状况不良 □其他

基本工作行动
□举重 □抓取 □推 □坐 □伸展 □弯曲 □跪 □直立 □拖 □蹲 □攀爬 □其他

序号	工作步骤	潜在危险	危害原因	风险评估				风险控制措施	备注
一、保养前准备									
				可能性	损失	风险值	风险等级		
1	系统泄压	喷出气体伤害	(1)未检查和测定系统压力就工作； (2)系统未完全泄压导致气流外喷； (3)放气管或局部堵塞	K2	B5	10	中等	(1)办理工作票，确认执行安全措施； (2)双人共同确认阀门上锁，挂警示牌； (3)测量和确认系统泄压为零； (4)穿戴好安全防护用品，如面罩灯	
2	保养前测电	(1)触电； (2)电弧灼伤； (3)火灾	(1)误判； (2)使用错误的验电装置； (3)误碰到带电体	J3	C4	12	中等	(1)双人共同确定正确的开关或设备位置； (2)戴绝缘手套、面罩、穿绝缘鞋和防电弧服； (3)按操作规程正确操作	

续表

序号	工作步骤	潜在危险	危害原因	风险评估				风险控制措施	备注
				可能性	损失	风险值	风险等级		
二、检修过程									
1	手工搬运	(1)扭伤； (2)设备损坏	(1)手工搬运方法或拌匀姿势不当； (2)用力不当或蛮干； (3)物件过重，未使用工具或器具； (4)员工未经过培训，缺乏经验	I4	C4	16	中等	(1)进行手工搬运培训； (2)使用正确的姿势搬运； (3)提供适当的搬运工具或其他工具	
2	打开管线、法兰等	(1)中毒； (2)高处坠落； (3)人身伤害； (4)机械伤害； (5)触电； (6)摔伤	(1)未切断或局部积压高压燃气气流泄出； (2)作业人员处于高压气流喷出位置； (3)未使用防护面罩等劳防用品； (4)使用不合适工具或方法，如撬棍、气割等； (5)高处作业无合适平台，脚手架，不戴或未正确系安全带； (6)管线吊装等	I4	B5	20	重大	(1)办理工作票，执行安全措施，监护人到位； (2)作业人员必须参加培训； (3)双人共同上锁，挂警示标志； (4)测量和确认系统泄压为零； (5)做好现场安全隔离措施，如登高作业，检查平台、防护林等安全防护装置是否符合要求； (6)穿戴合适的工作服，防护服，防护面罩和安全带； (7)管线打开松螺丝时应由远及近，避免面对馆内物质可能喷出的位置； (8)对丝扣连接，打开时应先松开1～2丝，确认无残留压力和残液泄漏后，再小心分离； (9)管线吊装必须符合吊装作业要求	
3	氮气置换	冻伤	氮气置换的过程中，氮气温度过低，导致操作人员冻伤	I4	C4	16	中等	(1)携带便携式天然气检漏仪； (2)正确佩戴穿着劳动防护用品，如防静电服、口罩等； (3)定期检查管道上接地跨接线牢固、完好，无锈蚀； (4)控制氮气注入温度不低于5 ℃； (5)控制气体升降速率不大于0.3 MPa/min； (6)张贴警示标识； (7)严格按照操作规程的步骤进行检测，禁止跳步骤操作； (8)检测的过程尽量时间短，不长时间逗留	

续表

序号	工作步骤	潜在危险	危害原因	风险评估				风险控制措施	备注
				可能性	损失	风险值	风险等级		
4	结束工作	(1)设备损坏; (2)人身伤害; 触电	(1)遗漏工器具; (2)现场遗留维修杂物; (3)未拆除临时用电; (4)不结束工作票,结束工作票之后继续工作	K2	B5	10	中等	(1)收齐并检查工器具; (2)打扫维修杂物; (3)拆除临时用电; (4)结束工作票,并归档	
三、作业环境									
1	高噪声	噪声	运行风机、压缩机等设备产生的噪声	K2	A6	12	中等	(1)采取控制噪声措施,加强日常维护; (2)佩戴耳塞,在特高噪声区使用耳罩; (3)定期进行噪声检测; (4)对员工听力定期检测	

5.4 汽包内部检修作业(表5-5)

表5-5 汽包内部检修作业危险源辨识及控制措施表(JSA)

日期:

工作名称/任务:	地点:	编号:
部门:	主管人:	工作执行人职务:
编制:	审查:	批准:

作业环境条件

□室内 □室外 □冷 □热 □湿 □灰尘 □水汽 □噪声 □震动 □天气状况不良 □其他

基本工作行动

□举重 □抓取 □推 □坐 □伸展 □弯曲 □跪 □直立 □拖 □蹲 □攀爬 □其他

序号	工作步骤	潜在危险	危害原因	风险评估				风险控制措施	备注
一、修前准备									
				可能性	损失	风险值	风险等级		
1	资料与工具准备	(1)触电; (2)人员烫伤; (3)窒息; (4)设备损坏	(1)未参加相关培训,未按要求填写《检修作业指导书》; (2)使用不合格的工具或工具准备不全;	K2	B5	10	中等	(1)严格执行定制管理要求;现场按照检修现场定制图进行铺设胶皮、码放工具材料、现场布置合理; (2)按检修要求准备工具;现场已按照检修作业指导书所列工具、材料、耗材、安全照明、安全等级电压工具、轴流通风机(必要时),检验日期均在有效时间内;	

续表

序号	工作步骤	潜在危险	危害原因	风险评估				风险控制措施	备注
				可能性	损失	风险值	风险等级		
1	资料与工具准备	(1)触电； (2)人员烫伤； (3)窒息； (4)设备损坏	(3)使用过期的电动工具； (4)未准备好相关图纸、技术数据、原始资料； (5)检修人员服装不符合要求； (6)不具备工作条件时，打开汽包人孔门	K2	B5	10	中等	(3)按检修要求准备好图纸、技术数据、原始资料、作业指导书、质量验收卡； (4)办理工作票、按要求填写完善有限空间作业措施、正确选择有害气体检测种类；具备打开汽包人孔门工作条件，汽包内温度降至40 ℃以下，压力降至0 MPa； (5)穿戴好连体服。检修负责人检查劝阻检修工作人员按要求穿好连体服，个人物品放在汽包外面； (6)检修负责人具备作业资格，检修组成员已经过汽包检修作业培训、紧急救护培训，检修负责人现场宣讲工作票内容，主要危险点及控制措施，有限空间作业安全措施	
二、检修过程									
1	汽包人孔门检修	(1)人员砸伤； (2)人员烫伤； (3)设备损坏	(1)使用倒链不正确； (2)搬运重物配合不好； (3)开启人孔门时蒸汽灼烫	J3	B5	15	中等	(1)应按照操作票正确的操作方法开启人孔门切勿蛮力开启，人员应站在侧面，防止被余汽烫伤； (2)搬运重型备件人员注意配合，防止砸伤； (3)使用倒链前检查棘轮是否正常，注意拴挂牢固，防止中途脱钩，发生意外	
		(1)触电； (2)误碰转动部件伤人； (3)物体打击	(1)通风机设备漏电； (2)私自拆接电源线； (3)未按正确要求使用电动工具； (4)通风机无护罩或护罩损坏，未固定牢固	J3	B5	15	中等	(1)检查电缆盘及电动工具外观是否完好，检验合格证是否在有效期内，电缆盘漏电保护动作可靠；应满足受限空间照明要求，并注意潮湿环境触电漏电的情况。 (2)电动工具停止使用时应立刻拔掉电源。 (3)符合国家规定的工地临时接线的要求，请电气专业人员进行拆接临时电源线。 (4)通风机护罩完好，固定牢靠	

续表

序号	工作步骤	潜在危险	危害原因	风险评估				风险控制措施	备注
				可能性	损失	风险值	风险等级		
2	拆内部装置（解体阶段）	(1)物体打击； (2)设备损坏； (3)机械伤害	(1)工具使用不当； (2)维修工具等额外工具掉入下降管中，拆除过程用力不当； (3)搬运过程发生碰撞，搬运重型备件时配合不好； (4)人员被尖锐结构刺伤，误碰汽包内带尖、锋利金属构件； (5)汽包内部工作时光线较暗，易发生磕碰	J3	B5	15	中等	(1)工作前应对所有的工器具进行一次详细的检查，使用工具时应戴手套，人员相互间应配合好，防止工具脱手伤人。 (2)不要带入与检修无关的工具设备等；将随身携带的工具固定好；下降管口使用铁皮加胶皮覆盖好或用专用封堵盖好。 (3)拆装时检修人员要配合用力，防止砸伤人员及设备。 (4)用擦机布胶皮等材料将金属锋利部分包住，并在工作完成后全部收回。 (5)工作时内部加强照明	
		粉尘	内部除锈打磨时不戴防护口罩，吸入粉尘有害物质	J3	B5	15	中等	进行打磨清理工作时戴好防护口罩、佩戴好防护眼镜	
		人员窒息	未按正确要求进行有限空间作业	I4	B5	20	重大	(1)进入设备前应进行必要的自然通风或强制通风，禁止向容器内直接通入氧气； (2)作业前进行含氧量检测合格后方可进入，工作时每隔 2 小时应进行含氧量检测，若变化较大应加大检测频率，如情况异常应立即停止作业； (3)工作人员不得少于两人，其中一人在外面监护，监护人应站在能看到和听到有限空间内工作人员的地方； (4)工作完成离开现场前，临时封闭汽包人孔门	
		高温中暑	进入超过 40 ℃的汽包内部工作	K2	B5	10	中等	待汽包内部温度低于 40 ℃以下时方可进入内部工作，防止高温中暑，若内部温度较高，可加装通风机加强通风降温	

续表

序号	工作步骤	潜在危险	危害原因	风险评估				风险控制措施	备注
				可能性	损失	风险值	风险等级		
3	检修和维修	设备损坏	维修工具等额外工具掉入下降管中	J3	B5	15	中等	(1)将随身携带的工具固定好； (2)不要带入与检修无关的工具设备等； (3)下降管口使用铁皮加胶皮覆盖好或用专用封堵盖好	
		人员窒息	未按正确要求进行有限空间作业	I4	B5	20	重大	(1)进入设备前应进行必要的自然通风或强制通风，禁止向容器内直接通入氧气； (2)作业前进行含氧量检测合格后方可进入，工作时每隔2小时应进行含氧量检测，若变化较大应加大检测频率，如情况异常应立即停止作业； (3)工作人员不得少于两人，其中一人在外面监护，监护人应站在能看到和听到有限空间内工作人员的地方； (4)工作完成离开现场前，临时封闭汽包人孔门	
		(1)触电； (2)灼烫	(1)使用电动工具方法不正确； (2)使用电焊机不规范； (3)配合施焊人员防护不当	I4	B5	20	重大	(1)检查电缆盘及电动工具外观是否完好，检验合格证是否在有效期内，电缆盘漏电保护动作可靠。 (2)电动工具停止使用时应立刻拔掉电源。 (3)检查电焊机、焊具外观完好，焊接人员戴好防护手套和面罩，穿好焊工鞋；汽包内焊接作业时，焊接人员身下铺好胶皮，并保持干燥，如有积水应先清理干净；汽包外留有专门焊接作业监护人，并有焊接人员触电紧急处理措施。 (4)电焊机的一、二次线不得有裸露部分，接头牢固，电焊机的外壳必须接地。 (5)配合施焊人员在扶持对接焊件时要戴好防护手套且保持手套服装干燥，视线要避免与电弧接触	

续表

序号	工作步骤	潜在危险	危害原因	风险评估				风险控制措施	备注
				可能性	损失	风险值	风险等级		
3	检修和维修	(1)物体打击； (2)机械伤害	(1)使用砂轮不戴护目镜； (2)搬运重型备件时配合不好，搬运过程发生碰撞； (3)误碰汽包内带尖、锋利金属构件； (4)汽包内部工作时光线较暗，易发生磕碰	I4	B5	20	重大	(1)佩戴好安全帽，工作服，戴好防护面罩或防护眼镜及防尘口罩； (2)进入前确认汽包内顶部部件无明显脱落危险； (3)拆装时检修人员要配合用力，防止砸伤人员及设备； (4)用擦机布胶皮等材料将金属锋利部分包住，并在工作完成后全部收回； (5)工作时内部加强照明	
		高温中暑	进入超过40 ℃的汽包内部工作	K2	B5	10	中等	待汽包内部温度低于40 ℃以下时方可进入内部工作，防止高温中暑，若内部温度较高，可加装通风机加强通风降温	
		粉尘	内部除锈打磨时不戴防护口罩，吸入粉尘有害物质	J3	B5	15	中等	进行打磨清理工作时戴好防护口罩、佩戴好防护眼镜	
4	汽包内部装置的清理与回装	设备损坏	维修工具等额外工具掉入下降管中	J3	B5	15	中等	(1)将随身携带的工具固定好； (2)不要带入与检修无关的工具设备等； (3)下降管口使用铁皮加胶皮覆盖好或用专用封堵盖好	
		(1)物体打击； (2)机械伤害	(1)搬运过程发生碰撞； (2)搬运重型备件时配合不好； (3)误碰汽包内带尖、锋利金属构件	J3	B5	15	中等	(1)佩戴好安全帽，工作服； (2)进入前确认汽包内顶部部件无明显脱落危险，拆装时检修人员要配合用力，防止砸伤人员及设备； (3)用擦机布胶皮等材料将金属锋利部分包住，并在工作完成后全部收回	
		粉尘	内部除锈打磨时不戴防护口罩，吸入粉尘有害物质	J3	B5	15	中等	进行打磨清理工作时戴好防护口罩、佩戴好防护眼镜	
		高温中暑	进入超过40 ℃的汽包内部工作	K2	B5	10	中等	待汽包内部温度低于40 ℃以下时方可进入内部工作，防止高温中暑，若内部温度较高，可加装通风机加强通风降温	

续表

序号	工作步骤	潜在危险	危害原因	风险评估				风险控制措施	备注
				可能性	损失	风险值	风险等级		
5	关闭汽包人孔门	设备损坏	(1)人孔门附件安装操作不当； (2)未按照操作要求操作； (3)未对拆下的零件序号进行安装	J3	B5	15	中等	(1)应按照操作票正确的操作方法，切勿蛮力操作； (2)正确使用工具； (3)汽包封闭人孔门前，全面检查汽包的所有检修工作全部结束，所有部件检修全部合格，内部卫生全部清理干净； (4)注意在封门前，将内部下降管管口处的胶皮、铁皮全部取出，并将下降管管口周围的杂质颗粒清扫干净； (5)封门时，使用倒链前检查，拴挂牢靠，防止中途脱钩，压板沉重，搬抬时人员注意配合，防止砸伤	
		物体打击	工具操作不当	J3	B5	15	中等	(1)佩戴好安全帽，工作服符合要求； (2)拆装时检修人员要配合用力，防止砸伤人员及设备	
		窒息	将人员遗留汽包内部	J3	B5	15	中等	封闭人孔门前，认真检查汽包内部无人员遗留，无任何异物，确认后方可封门	
三、修后恢复									
1	清理现场	磕伤碰伤	(1)清理工具操作不当； (2)工具摆放不当	J3	B5	15	中等	(1)戴好安全帽，穿好工作服； (2)整齐摆放操作工具	
2	升压紧垫	人员烫伤	(1)工具操作失误； (2)未戴好防护用品，误碰高温热体	J3	B5	15	中等	(1)按照正确的操作规程操作； (2)戴好防护手套，注意不要碰触高温热体	
		设备损坏	紧力超过额定扭矩	J3	B5	15	中等	按照正确的操作规程操作	

5.5 防磨防爆检查作业(表 5-6)

表 5-6 防磨防爆检查作业危险源辨识及控制措施表(JSA)

日期：

工作名称/任务：	地点：	编号：
部门：	主管人：	工作执行人职务：
编制：	审查：	批准：

作业环境条件

□室内 □室外 □冷 □热 □湿 □灰尘 □水汽 □噪声 □震动 □天气状况不良 □其他

基本工作行动

□举重 □抓取 □推 □坐 □伸展 □弯曲 □跪 □直立 □拖 □蹲 □攀爬 □其他

序号	工作步骤	潜在危险	危害原因	风险评估				风险控制措施	备注
				可能性	损失	风险值	风险等级		
一、修前准备									
1	资料与工具准备	(1)触电； (2)灼烫； (3)窒息； (4)设备损坏； (5)高温中暑	(1)未参加相关培训，未按要求填写《检修作业指导书》； (2)使用不合适的工具或工具准备不全； (3)使用过期的电动工具； (4)未准备好相关图纸、技术数据、原始资料； (5)高处作业使用不合格的安全带； (6)工作服、工作鞋不符合要求	K2	B5	10	中等	(1)检修负责人具备作业资格，检修组成员已经过汽包检修作业培训、紧急救护培训，检修负责人现场宣讲工作票内容，主要危险点及控制措施，有限空间作业安全措施。 (2)按检修要求准备工具；现场已按照检修作业指导书所列工具、材料、耗材、安全照明、梯子、安全带等，检验日期均在有效时间内。 (3)按检修要求准备好图纸、技术数据、原始资料、作业指导书、质量验收卡。 (4)办理工作票，按要求填写完善有限空间作业措施，正确选择有害气体检测种类；具备打开炉膛人孔门工作条件，炉膛内温度降至 60 ℃以下。 (5)穿戴好工作服、工作鞋，防止剐蹭和扎脚	
二、检修过程									
1	炉膛内防磨防爆检查及修理	(1)设备损坏； (2)物体打击	(1)人孔门开启操作不当； (2)使用倒链方法不正确，倒链中途脱钩； (3)未按正确要求使用工器具；	J3	B5	15	中等	(1)应按照操作票正确的操作方法开启人孔门切勿蛮力开启；人员应站在侧后面，人孔门吊离门框时，人员注意扶持把握方向，防止人孔门随意摇摆；搬运重型备件人员注意配合。 (2)使用倒链前检查棘轮是否正常；注意拴挂牢固，防止中途脱钩，发生意外。	

续表

序号	工作步骤	潜在危险	危害原因	风险评估				风险控制措施	备注
				可能性	损失	风险值	风险等级		
1	炉膛内防磨防爆检查及修理	(1)设备损坏； (2)物体打击	(4)工作鞋、工作服不符合要求； (5)搬运拆装重型部件人员未配合好； (6)使用角向磨光机不戴护目镜	J3	B5	15	中等	(3)工作前应对所有的工器具进行一次详细的检查；使用扳手、套管等工具时应戴手套，人员相互间应配合好，防止工具脱手伤人；使用大锤时不能戴手套。 (4)佩戴好安全帽，工作服、工作鞋符合要求。 (5)人员注意躲避人孔门摇摆出的方向，并注意不要将脚足部位停留在重物下面。 (6)人孔门拆下后应放置稳固。 (7)使用倒链进行拆装人孔门操作时，注意配合，防止发生意外。 (8)戴好防护面罩或防护眼镜	
		粉尘	炉膛内空气中含有粉尘等有害物	J3	B5	15	中等	(1)佩戴防尘口罩； (2)增加通风设备、通风面积，打开烟囱挡板	
		窒息	(1)有限空间内通风不良； (2)有限空间内可能存在有害、可燃气体等； (3)有限空间作业，监护不到位	K2	B5	10	中等	(1)加强通风，保持空气流通，必要时架设风机，禁止向容器内直接通入氧气； (2)每次开工前，进行有毒、有害、可燃气体及氧气含量检测合格后方可开工； (3)有限空间内工作时，工作人员不得少于两人，其中一人在外面监护，监护人应站在能看到和听到有限空间内工作人员的地方	
		(1)触电； (2)灼烫	(1)电焊机使用不规范； (2)使用电动工具不规范； (3)炉膛内照明不规范	J3	B5	15	中等	(1)检查电焊机、焊具外观完好，检验合格证是否在有效期内，电缆盘漏电保护动作可靠；电焊机的一、二次线不得有裸露部分，接头牢固，电焊机的外壳必须接地。 (2)焊接人员戴好防护手套和面罩，穿好焊工鞋。 (3)电焊机电源线请电气专业人员进行，禁止无资质人员进行操作。 (4)配合施焊人员在扶持对接焊件时要戴好防护手套且保持手套服装干燥，视线要避免与电弧接触。 (5)按照炉膛内电源使用规定进行操作。 (6)电动工具停止使用时应立刻拔掉电源	

续表

序号	工作步骤	潜在危险	危害原因	风险评估				风险控制措施	备注
				可能性	损失	风险值	风险等级		
1	炉膛内防磨防爆检查及修理	火灾	动火作业时防火措施落实不到位	I4	B5	20	重大	(1)动火范围做好遮挡，防止火花飞溅； (2)动火部位设专人监护； (3)现场备好干粉灭火器 ABC 型 2 具； (4)每次动火作业开工前，现场测量可燃气体含量，合格后方可进行工作； (5)氧气乙炔瓶分开放置并符合安全距离，且远离动火区域； (6)每次动火作业完成后，检查现场应无火种存在	
		高处坠落	(1)炉膛内高处未按正确要求搭设脚手架； (2)脚手架搭设作业不规范； (3)高处作业不规范	I4	B5	20	重大	(1)高处作业按要求系好安全带；超过 15 m 高度时挂好安全网； (2)搭设脚手架时按照正确的顺序进行，注意配合工作，防止脚手架发生偏斜倒塌现象； (3)脚手架搭设全过程中，必须设专人监护； (4)脚手架牢固无倾斜，验收后方可使用； (5)安全带的挂钩或绳子应挂在结实牢固的构件上，或专为挂安全带用的钢丝绳上，禁止挂在移动或不牢固的物件上； (6)脚手架横杆搭设时不能顶在受热面鳍片管上； (7)在高处作业时，一律使用工具袋，所使用的工具应拴防坠安全绳； (8)在高空作业上下传递工具或材料时，要用绳子拴牢上下传递，禁止抛接； (9)在进行高处工作时，不准在工作地点的下面通行或逗留，工作地点下面应有围栏或装设其他保护装置	
		灼烫	进入超过 60 ℃的炉膛内部工作	J3	B5	15	中等	待炉膛内温度降至 60 ℃以下时方可进入炉膛内部工作	

续表

序号	工作步骤	潜在危险	危害原因	风险评估				风险控制措施	备注
				可能性	损失	风险值	风险等级		
2	炉外管检查及修理	(1)设备损坏； (2)物体打击	(1)使用倒链中途脱钩； (2)未按正确要求使用工器具； (3)脚手架搭设作业不规范； (4)工作鞋、工作服不符合要求； (5)搬运拆装重型部件人员未配合好	J3	B5	15	中等	(1)使用倒链前检查棘轮是否正常，检验合格证在有效期内。 (2)注意拴挂牢固，防止中途脱钩，发生意外。 (3)工作前应对所有的工器具进行一次详细的检查；使用扳手、套管等工具时应戴手套，人员相互间应配合好，防止工具脱手伤人；使用大锤时不能戴手套。 (4)脚手架搭设不应妨碍机组启动后期拆除时管道受热膨胀。 (5)佩戴好安全帽，工作服、工作鞋符合要求。 (6)搬运重物时人员之间注意配合，防止砸伤	
		(1)触电； (2)灼烫	(1)电焊机使用不规范； (2)配合施焊人员防护不当； (3)使用电动工具方法不正确	J3	B5	15	中等	(1)检查电焊机、焊具外观完好，焊接人员戴好防护手套和面罩，穿好焊工鞋；电焊机的一、二次线不得有裸露部分，接头牢固，电焊机的外壳必须接地； (2)电焊机电源线请电气专业人员进行，禁止无资质人员进行操作； (3)配合施焊人员在扶持对接焊件时要戴好防护手套且保持手套服装干燥，视线要避免与电弧接触； (4)检查电缆盘及电动工具外观是否完好，检验合格证是否在有效期内，电缆盘漏电保护动作可靠； (5)电动工具停止使用时应立刻拔掉电源	
		火灾	动火作业时防火措施落实不到位	I4	B5	20	重大	(1)动火范围做好遮挡，防止火花飞溅； (2)动火部位设专人监护； (3)现场备好干粉灭火器ABC型2具； (4)每次动火作业开工前，现场测量可燃气体含量，合格后方可进行工作； (5)氧气乙炔瓶分开放置并符合安全距离，且远离动火区域； (6)每次动火作业完成后，检查现场应无火种存在	

续表

序号	工作步骤	潜在危险	危害原因	风险评估				风险控制措施	备注
				可能性	损失	风险值	风险等级		
2	炉外管检查及修理	机械伤害	(1)使用切割锯更换锯片时电源未拔误碰； (2)使用坡口机更换刀头时电源未拔误碰； (3)使用角向磨光机不戴护目镜	J3	B5	15	中等	(1)更换锯片时先拔掉电源； (2)更换刀头时必须先拔掉电源； (3)戴好防护面罩或防护眼镜	
		(1)高处坠落； (2)物体打击	(1)未按正确要求搭设脚手架； (2)高处作业不规范	I4	B5	20	重大	(1)高处作业按要求系好安全带，超过15 m高度时挂好安全网； (2)搭设脚手架时按照正确的顺序进行，注意配合工作，防止脚手架发生偏斜倒塌现象； (3)脚手架搭设全过程中，必须设专人监护； (4)脚手架牢固无倾斜，验收后方可使用； (5)在高处作业时，必须使用安全带； (6)安全带的挂钩或绳子应挂在结实牢固的构件上，或专为挂安全带用的钢丝绳上，禁止挂在移动或不牢固的物件上； (7)在高处作业时，一律使用工具袋，所使用的工具应拴防坠安全绳； (8)在高空作业上下传递工具或材料时，要用绳子拴牢上下传递，禁止抛接； (9)在进行高处工作时，不准在工作地点的下面通行或逗留，工作地点下面应有围栏或装设其他保护装置	

续表

序号	工作步骤	潜在危险	危害原因	风险评估				风险控制措施	备注
				可能性	损失	风险值	风险等级		
3	支吊架检查及修理	(1)高处坠落； (2)物体打击	(1)未按正确要求搭设脚手架； (2)高处作业不规范	I4	B5	20	重大	(1)高处作业按要求系好安全带，超过15 m高度时挂好安全网； (2)搭设脚手架时按照正确的顺序进行，注意配合工作，防止脚手架发生偏斜倒塌现象； (3)脚手架搭设全过程中，必须设专人监护； (4)脚手架牢固无倾斜，验收后方可使用； (5)在高处作业时，必须使用安全带； (6)安全带的挂钩或绳子应挂在结实牢固的构件上，或专为挂安全带用的钢丝绳上，禁止挂在移动或不牢固的物件上； (7)在高处作业时，一律使用工具袋，所使用的工具应拴防坠安全绳； (8)在高空作业上下传递工具或材料时，要用绳子拴牢上下传递，禁止抛接； (9)在进行高处工作时，不准在工作地点的下面通行或逗留，工作地点下面应有围栏或装设其他保护装置	
		(1)设备损坏； (2)物体打击	(1)使用倒链中途脱钩； (2)未按正确要求使用工器具； (3)脚手架搭设作业不规范； (4)工作鞋、工作服不符合要求； (5)搬运拆装重型部件人员未配合好	J3	B5	15	中等	(1)使用倒链前检查棘轮是否正常；注意拴挂牢固，防止中途脱钩，发生意外。 (2)工作前应对所有的工器具进行一次详细的检查；使用扳手、套管等工具时应戴手套，人员相互间应配合好，防止工具脱手伤人；使用大锤时不能戴手套。 (3)脚手架搭设不应妨碍机组启动后期拆除时管道受热膨胀。 (4)佩戴好安全帽，工作服、工作鞋符合要求。 (5)搬运重物时人员之间注意配合，防止砸伤	

续表

序号	工作步骤	潜在危险	危害原因	风险评估				风险控制措施	备注
				可能性	损失	风险值	风险等级		
3	支吊架检查及修理	(1)触电； (2)灼烫	(1)电焊机使用不规范； (2)配合施焊人员防护不当； (3)使用电动工具方法不正确	J3	B5	15	中等	(1)检查电焊机、焊具外观完好，焊接人员戴好防护手套和面罩，穿好焊工鞋；电焊机的一、二次线不得有裸露部分，接头牢固，电焊机的外壳必须接地。 (2)电焊机电源线请电气专业人员进行，禁止无资质人员进行操作。 (3)配合施焊人员在扶持对接焊件时要戴好防护手套且保持手套服装干燥，视线要避免与电弧接触。 (4)检查电缆盘及电动工具外观是否完好，检验合格证是否在有效期内，电缆盘漏电保护动作可靠。 (5)电动工具停止使用时应立刻拔掉电源	
		火灾	动火作业时防火措施落实不到位	I4	B5	20	重大	(1)动火范围做好遮挡，防止火花飞溅； (2)动火部位设专人监护； (3)现场备好干粉灭火器 ABC 型 2 具； (4)每次动火作业开工前，现场测量可燃气体含量，合格后方可进行工作； (5)氧气乙炔瓶分开放置并符合安全距离，且远离动火区域； (6)每次动火作业完成后，检查现场应无火种存在	
		机械伤害	(1)使用切割锯更换锯片时电源未拔误碰； (2)使用角向磨光机不戴护目镜； (3)使用倒链方法不正确	J3	B5	15	中等	(1)更换锯片时先拔掉电源； (2)戴好防护面罩或防护眼镜； (3)使用前进行检查，棘轮正常，检验合格证在有效期内； (4)注意拴挂牢固，防止中途脱钩，发生意外	

续表

序号	工作步骤	潜在危险	危害原因	风险评估				风险控制措施	备注
				可能性	损失	风险值	风险等级		
三、修后恢复									
1	恢复保温、拆除脚手架	(1)高处坠落； (2)物体打击	(1)高处作业不规范； (2)炉膛内高处未按正确要求拆除脚手架	I4	B5	20	重大	(1)在高处作业时，必须使用安全带； (2)安全带的挂钩或绳子应挂在结实牢固的构件上，或专为挂安全带用的钢丝绳上，禁止挂在移动或不牢固的物件上； (3)在高处作业时，一律使用工具袋，所使用的工具应拴防坠安全绳； (4)在高空作业上下传递工具或材料时，要用绳子拴牢上下传递，禁止抛接； (5)在进行高处工作时，不准在工作地点的下面通行或逗留，工作地点下面应有围栏或装设其他保护装置； (6)拆除脚手架时按照正确的顺序进行，注意配合工作，防止脚手架发生偏斜倒塌现象； (7)脚手架拆除全过程中，必须设专人监护	
2	封人孔门	(1)设备损坏； (2)物体打击	(1)人孔门开启操作不当； (2)未按正确要求使用工器具； (3)使用倒链中途脱钩	J3	B5	15	中等	(1)应按照操作票正确的操作方法开启人孔门切勿蛮力开启；人员应站在侧后面，人孔门吊离门框时，人员注意扶持把握方向，防止人孔门随意摇摆；搬运重型备件人员注意配合。 (2)工作前应对所有的工器具进行一次详细的检查；使用扳手、套管等工具时应戴手套，人员相互间应配合好，防止工具脱手伤人；使用大锤时不能戴手套。 (3)使用倒链前检查棘轮是否正常；注意拴挂牢固，防止中途脱钩，发生意外	

5.6 TCA风机检修作业(表5-7)

表5-7 TCA风机检修作业危险源辨识及控制措施表(JSA)

日期：

工作名称/任务：	地点：	编号：
部门：	主管人：	工作执行人职务：
编制：	审查：	批准：

作业环境条件

□室内 □室外 □冷 □热 □湿 □灰尘 □水汽 □噪声 □震动 □天气状况不良 □其他

基本工作行动

□举重 □抓取 □推 □坐 □伸展 □弯曲 □跪 □直立 □拖 □蹲 □攀爬 □其他

序号	工作步骤	潜在危险	危害原因	风险评估				风险控制措施	备注
				可能性	损失	风险值	风险等级		
一、修前准备									
1	资料与工具准备	物体打击	(1)未参加相关培训,未按要求填写《检修作业指导书》; (2)使用不合适的工具或工具老化; (3)人员手未拿稳工具,导致工具掉落	K2	B5	10	中等	(1)严格执行定制管理要求; (2)按检修要求准备工具并确认工具在合格期内; (3)按检修要求准备好图纸、技术数据、原始资料; (4)人员准备工具时不要分心,排除周围干扰	
2	TCL风机停运,系统切出	设备损坏	作业人员在停运设备时误操作	I4	A6	24	重大	作业人员严格按照停运风机操作票进行操作,并与维修人员交流确认风机切实停运	
二、检修过程									
1	在风机下方的加油处加油	火灾	明火或者静电	I4	A6	24	重大	(1)作业人员严禁携带打火机等点火源进行维修作业; (2)穿着防静电服	
		物体打击	轴承压盖在搬运中掉落	J3	B5	15	中等	作业人员在搬运过程中注意手拿稳	
2	调节叶片倾斜角	设备损坏	(1)转动叶片时未按照其自身轴线转动; (2)未放置平面块或平面块表面非水平面; (3)实用工具时用力过大导致叶片弯折或折断	J3	B5	15	中等	(1)操作人员严格按照操作票进行操作,操作前确认叶片轴线位置; (2)统一平面块标准,并定期进行检查; (3)操作人员多加培训,增强熟练度	

续表

序号	工作步骤	潜在危险	危害原因	风险评估				风险控制措施	备注
				可能性	损失	风险值	风险等级		
2	调节叶片倾斜角	机械伤害	操作人员被叶片边缘划伤	J3	B5	15	中等	操作人员穿长工作服，不将皮肤裸露并戴好手套	
3	调整皮带力矩时旋转螺栓	设备损坏	(1)螺栓及螺母未能旋紧，或漏旋； (2)使用扳手用力过大，引起螺栓断裂	J3	A6	18	重大	(1)操作人员严格按照工作票进行操作，严格查明螺栓螺母的数量和位置； (2)在旋好每个螺栓螺母后，再对每个螺栓螺母进行一次加紧旋转，但不要用力过度	
4	调整皮带力矩	设备损坏	(1)套上新皮带时用力过大或翘拔导致皮带崩断； (2)皮带张力过大轴承找中不好，润滑不好	J3	B5	15	中等	(1)切勿使用工具在套装新皮带的时候翘拔，或用力过大； (2)在出线箱盘式绝缘子上敷设绝缘垫及木板，防止重物砸坏盘式绝缘垫子； (3)回装用固定力矩进行恢复作业	
		物体打击	皮带张力过大崩断伤害到操作人员	J3	A6	18	重大	(1)皮带安装前进行检测，避免使用已经老化或损坏的皮带； (2)皮带进行安装时小心谨慎，发现阻力过大时迅速停止作业并进行检查，不要强行安装	
三、修后恢复									
1	结束工作	设备损坏	现场遗留检修杂物	I4	C4	16	中等	(1)工作总结，清点检修工器具及材料，确认无遗留无遗失； (2)清扫检修现场	

5.7 循环水泵大修作业(表5-8)

表5-8 循环水泵大修作业危险源辨识及控制措施表(JSA)

日期：

工作名称/任务：	地点：	编号：
部门：	主管人：	工作执行人职务：
编制：	审查：	批准：

作业环境条件

□室内 □室外 □冷 □热 □湿 □灰尘 □水汽 □噪声 □震动 □天气状况不良 □其他

基本工作行动

□举重 □抓取 □推 □坐 □伸展 □弯曲 □跪 □直立 □拖 □蹲 □攀爬 □其他

序号	工作步骤	潜在危险	危害原因	风险评估				风险控制措施	备注
				可能性	损失	风险值	风险等级		
一、修前准备									
1	资料与工具准备	物体打击	(1)未参加相关培训,未按要求填写《检修作业指导书》; (2)使用不合适的工具或工具老化; (3)人员手未拿稳工具,导致工具掉落	K2	B5	10	中等	(1)严格执行定制管理要求; (2)按检修要求准备工具并确认工具在合格期内; (3)按检修要求准备好图纸、技术数据、原始资料; (4)人员准备工具时不要分心,排除周围干扰	
2	电气专业拆除电机接线	触电	办理工作票时未沟通到位,泵未断电	I4	A6	24	重大	在办理工作票时反复确认泵已切实断电,并电气专业工作前再次确认	
二、检修过程									
1	使用天车吊出水泵电机,电机支架,上导轴承,内接管等	起重伤害	钢绳,卡环未拴好	I4	A6	24	重大	(1)起重吊运时,使用合格的钢丝绳; (2)调整钢丝绳,四个吊环均匀受力; (3)吊运中设备下禁止人员逗留; (4)起重人员有上岗证,操作时有专人统一指挥; (5)工作场所设围栏,有指示标志	
2	联轴器拆不动时使用火焊烤联轴器	火灾	附近存在可燃物	I4	A6	24	重大	工作人员进行焊烤作业前清除附近可燃物,尤其是油类易燃物品	
		爆炸	焊接使用的易燃气体泄漏	I4	A6	24	重大	(1)设置易燃气体检测器; (2)易燃气体管路设置防爆措施	

续表

序号	工作步骤	潜在危险	危害原因	风险评估				风险控制措施	备注
				可能性	损失	风险值	风险等级		
3	循环泵可抽部分解体	设备损坏	(1)拆除接线时未及时做好标记； (2)拆除接线未进行包扎； (3)使用扳手用力过大，引起螺丝断裂	J3	B5	15	中等	(1)拆除接线前先做好记号再进行拆除工作； (2)拆除的接线全部都要进行包扎； (3)起吊作业时应缓慢； (4)回装用固定力矩进行恢复作业	
4	清理检查、修理循环泵器	设备损坏	(1)工器具砸坏设备； (2)使用扳手用力过大，引起螺丝断裂	J3	B5	15	中等	(1)拆除接线前先做好记号再进行拆除工作； (2)拆除的接线全部都要进行包扎； (3)在出线箱盘式绝缘子上敷设绝缘垫及木板，防止重物砸坏盘式绝缘垫子； (4)回装用固定力矩进行恢复作业	
		物体打击	工器具或设备部件在操作过程中掉落	J3	B5	15	中等	(1)严格执行定制管理要求； (2)按检修要求准备工具并确认工具在合格期内； (3)按检修要求准备好图纸、技术数据、原始资料； (4)人员准备工具时不要分心，排除周围干扰	
5	回装循环泵	设备损坏	(1)回装前设备未清理完毕； (2)作业人员不慎损坏设备	J3	B5	15	中等	(1)拆除接线前先做好记号再进行拆除工作； (2)拆除的接线全部都要进行包扎； (3)在出线箱盘式绝缘子上敷设绝缘垫及木板，防止重物砸坏盘式绝缘垫子； (4)回装用固定力矩进行恢复作业； (5)在拆除动叶片时，两侧动静叶片间应用海绵堵好，以防异物落入	
		起重伤害	起重作业时设备部件掉落	I4	A6	24	重大	(1)起吊作业时应缓慢； (2)固定力矩进行恢复作业； (3)起重吊运时，使用合格的钢丝绳； (4)调整钢丝绳，四个吊环均匀受力； (5)吊运中设备下禁止人员逗留； (6)起重人员有上岗证，操作时有专人统一指挥； (7)工作场所设围栏，有指示标志	

续表

序号	工作步骤	潜在危险	危害原因	风险评估				风险控制措施	备注
				可能性	损失	风险值	风险等级		
5	回装循环泵	物体打击	作业人员操作时工具掉落	J3	B5	15	中等	(1)严格执行定制管理要求； (2)按检修要求准备工具并确认工具在合格期内； (3)按检修要求准备好图纸、技术数据、原始资料； (4)人员准备工具时不要分心，排除周围干扰	
6	试运转	设备损坏	(1)检查时异物掉在循环泵内部； (2)检察人员错误对照标准要求的循环泵参数	J3	A6	18	重大	(1)检查人员在试运转前巡查循环泵内部是否存在异物； (2)严格执行标准内设定的参数，试运行前部门人员再次确认符合质量标准	
三、修后恢复									
1	结束工作	设备损坏	现场遗留检修杂物	I4	C4	16	中等	(1)工作总结，清点检修工器具及材料，确认无遗留无遗失； (2)清扫检修现场	

5.8 燃机发电机大修作业(表 5-9)

表 5-9 燃机发电机大修作业危险源辨识及控制措施表(JSA)

日期：

工作名称/任务：	地点：	编号：
部门：	主管人：	工作执行人职务：
编制：	审查：	批准：

作业环境条件

□室内 □室外 □冷 □热 □湿 □灰尘 □水汽 □噪声 □震动 □天气状况不良 □其他

基本工作行动

□举重 □抓取 □推 □坐 □伸展 □弯曲 □跪 □直立 □拖 □蹲 □攀爬 □其他

续表

<table>
<tr><td colspan="10">一、修前准备</td></tr>
<tr><td rowspan="2">序号</td><td rowspan="2">工作步骤</td><td rowspan="2">潜在危险</td><td rowspan="2">危害原因</td><td colspan="4">风险评估</td><td rowspan="2">风险控制措施</td><td rowspan="2">备注</td></tr>
<tr><td>可能性</td><td>损失</td><td>风险值</td><td>风险等级</td></tr>
<tr><td>1</td><td>资料与工具准备</td><td>(1)触电；
(2)设备损坏；
(3)火灾</td><td>(1)未参加相关培训，未按要求填写《检修作业指导书》；
(2)使用不合适的工具或工具准备不全；
(3)使用过期的电动工具；
(4)未准备好相关图纸、技术数据、原始资料</td><td>K2</td><td>B5</td><td>10</td><td>中等</td><td>(1)严格执行定制管理要求；
(2)按检修要求准备工具并确认电动工具在合格期内；
(3)按检修要求准备好图纸、技术数据、原始资料；
(4)办理工作票，确认发电机与系统解列，一二次停电</td><td></td></tr>
<tr><td>2</td><td>氢气置换</td><td>爆炸</td><td>氢气置换不完全，存在死角，检修过程中碰到明火</td><td>I4</td><td>A6</td><td>24</td><td>重大</td><td>氢气置换完成后，对发电机几个工作区域进行氢气浓度检查，防止发电机检修时，氢气浓度仍处于氢爆范围。确认氢气进气装置加装隔离板</td><td></td></tr>
<tr><td rowspan="3">3</td><td rowspan="3">漏氢检查</td><td rowspan="2">(1)设备损坏；
(2)爆炸</td><td rowspan="2">作业人员在发电机周边动火氢浓度超标</td><td>J3</td><td>C4</td><td>12</td><td>中等</td><td rowspan="2">发电机漏氢检查时，检查人员严禁使用可产生火星的设备或工具</td><td rowspan="2"></td></tr>
<tr><td>I4</td><td>A6</td><td>24</td><td>重大</td></tr>
<tr><td>高处坠落</td><td>高处检查时未系安全带</td><td>I4</td><td>B5</td><td>20</td><td>重大</td><td>检查发电机漏氢部分位置在空中的，应进行搭设脚手架，并高挂安全带</td><td></td></tr>
<tr><td colspan="10">二、检修过程</td></tr>
<tr><td rowspan="2">1</td><td rowspan="2">发电机励磁间及刷架检修</td><td>设备损坏</td><td>(1)拆除接线时未及时做好标记；
(2)拆除接线未进行包扎；
(3)起吊时励磁引线划伤励磁滑环</td><td>J3</td><td>B5</td><td>15</td><td>中等</td><td>(1)拆除接线前先做好记号再进行拆除工作；
(2)拆除的接线全部都要进行包扎；
(3)起吊作业时应缓慢</td><td></td></tr>
<tr><td>机械伤害</td><td>外罩在起重搬运中掉落</td><td>J3</td><td>B5</td><td>15</td><td>中等</td><td>(1)起重吊运时，使用合格的钢丝绳；
(2)调整钢丝绳，四个吊环均匀受力；
(3)吊运中设备下禁止人员逗留；
(4)起重人员有上岗证，操作时有专人统一指挥；
(5)工作场所设围栏，有指示标志</td><td></td></tr>
</table>

续表

一、修前准备									
序号	工作步骤	潜在危险	危害原因	风险评估				风险控制措施	备注
				可能性	损失	风险值	风险等级		
2	发电机出线、中性点拆装	设备损坏	(1)拆除接线时未及时做好标记； (2)拆除接线未进行包扎； (3)工器具砸坏设备； (4)使用扳手用力过大，引起螺丝断裂	J3	B5	15	中等	(1)拆除接线前先做好记号再进行拆除工作； (2)拆除的接线全部都要进行包扎； (3)在出线箱盘式绝缘子上敷设绝缘垫及木板，防止重物砸坏盘式绝缘垫子； (4)回装用固定力矩进行恢复作业	
		爆炸	出线箱内存在氢气	J3	A6	18	重大	拆除前确认氢气浓度合格	
		高处坠落	脚手架搭建不牢固	I4	B5	20	重大	确认脚手搭建牢固后再进行作业	
3	氢气冷却器检修	设备损坏	(1)拆除接线时未及时做好标记； (2)拆除接线未进行包扎； (3)使用扳手用力过大，引起螺丝断裂	J3	B5	15	中等	(1)拆除接线前先做好记号再进行拆除工作； (2)拆除的接线全部都要进行包扎； (3)起吊作业时应缓慢； (4)回装用固定力矩进行恢复作业	
		机械伤害	顶板盖、冷却器在起重搬运中掉落	J3	A6	18	重大	(1)起重吊运时，使用合格的钢丝绳； (2)调整钢丝绳，四个吊环均匀受力； (3)吊运中设备下禁止人员逗留； (4)起重人员有上岗证，操作时有专人统一指挥； (5)工作场所设围栏，有指示标志	
		爆炸	出线箱内存在氢气	J3	A6	18	重大	拆除前确认氢气浓度合格	
4	发电机端盖拆装	设备损坏	(1)拆除接线时未及时做好标记； (2)拆除接线未进行包扎； (3)工器具砸坏设备； (4)使用扳手用力过大，引起螺丝断裂	J3	B5	15	中等	(1)拆除接线前先做好记号再进行拆除工作； (2)拆除的接线全部都要进行包扎； (3)在出线箱盘式绝缘子上敷设绝缘垫及木板，防止重物砸坏盘式绝缘垫子； (4)回装用固定力矩进行恢复作业	

续表

序号	工作步骤	潜在危险	危害原因	风险评估				风险控制措施	备注
				可能性	损失	风险值	风险等级		
4	发电机端盖拆装	机械伤害	外罩在起重搬运中掉落	J3	A6	18	重大	(1)起重吊运时，使用合格的钢丝绳； (2)调整钢丝绳，四个吊环均匀受力； (3)吊运中设备下禁止人员逗留； (4)起重人员有上岗证，操作时有专人统一指挥； (5)工作场所设围栏，有指示标志	
5	发电机鼓风机拆装	设备损坏	(1)拆除接线时未及时做好标记； (2)拆除接线未进行包扎； (3)工器具砸坏设备； (4)使用扳手用力过大，引起螺丝断裂； (5)异物进入鼓风机内	J3	B5	15	中等	(1)拆除接线前先做好记号再进行拆除工作； (2)拆除的接线全部都要进行包扎； (3)在出线箱盘式绝缘子上敷设绝缘垫及木板，防止重物砸坏盘式绝缘垫子； (4)回装用固定力矩进行恢复作业； (5)在拆除动叶片时，两侧动静叶片间应用海绵堵好，以防异物落入	
6	发电机抽转子	(1)设备损坏； (2)起重伤害	转子在起重搬运中掉落	J3	A6	18	重大	(1)起重吊运时，使用合格的钢丝绳； (2)调整钢丝绳，四个吊环均匀受力； (3)吊运中设备下禁止人员逗留； (4)起重人员有上岗证，操作时有专人统一指挥； (5)工作场所设围栏，有指示标志	
7	发电机定子检查	设备损坏	(1)检查时异物掉在发电机内部； (2)检查人员踩坏发电机端部接头及引水管； (3)定子绕组受潮或粉尘进入	J3	A6	18	重大	(1)检查人员身着连体衣； (2)检查人员穿软底鞋； (3)发电机转子抽出后，两侧大端盖都用帆布盖住，防止粉尘或异物掉入内部	
		中毒与窒息	发电机内部检查时，为事先充入足够时间的压缩空气，内部异味过重	J3	B5	15	中等	(1)进入发电机内部检查前，先充入足够时间的压缩空气； (2)检查人员可戴面罩进入	

续表

序号	工作步骤	潜在危险	危害原因	风险评估				风险控制措施	备注
				可能性	损失	风险值	风险等级		
8	发电机转子检修	设备损坏	(1)转子未做防护; (2)转子在膛外碰撞损伤	J3	A6	18	重大	(1)转子抽出后,使用塑料纸进行包扎,防止转子受潮; (2)放置转子的区域围安全警示带,防止人员误碰到转子而使转子损伤	
三、修后恢复									
1	发电机穿转子	(1)设备损坏; (2)起重伤害	转子在起重搬运中掉落	J3	A6	18	重大	(1)起重吊运时,使用合格的钢丝绳; (2)调整钢丝绳,四个吊环均匀受力; (3)吊运中设备下禁止人员逗留; (4)起重人员有上岗证,操作时有专人统一指挥; (5)工作场所设围栏,有指示标志; (6)严格按照操作规程开展工作	
2	发电机气密性试验	高处坠落	上高处未正确系安全带,引起高处坠落	I4	C4	16	中等	气密检查发电机泄漏时,高处位置的检查点要搭设脚手架,并高挂使用安全带	
3	结束工作	设备损坏	现场遗留检修杂物	I4	C4	16	中等	(1)工作总结,清点检修工器具及材料,确认无遗留无遗失; (2)清扫检修现场	

5.9 燃机主变大修作业(表 5-10)

表 5-10 燃机主变大修作业危险源辨识及控制措施表(JSA)

日期:

工作名称/任务:	地点:	编号:
部门:	主管人:	工作执行人职务:
编制:	审查:	批准:
作业环境条件 □室内 □室外 □冷 □热 □湿 □灰尘 □水汽 □噪声 □震动 □天气状况不良 □其他		
基本工作行动 □举重 □抓取 □推 □坐 □伸展 □弯曲 □跪 □直立 □拖 □蹲 □攀爬 □其他		

续表

序号	工作步骤	潜在危险	危害原因	风险评估				风险控制措施	备注
				可能性	损失	风险值	风险等级		
一、修前准备									
1	资料与工具准备	(1)触电； (2)设备损坏； (3)火灾	(1)未参加相关培训，未按要求填写《检修作业指导书》； (2)使用不合适的工具或工具准备不全； (3)使用过期的电动工具； (4)未准备好相关图纸、技术数据、原始资料	J3	A6	18	重大	(1)严格执行定制管理要求； (2)按检修要求准备工具并确认电动工具在合格期内； (3)按检修要求准备好图纸、技术数据、原始资料； (4)办理工作票，确认发电机与系统解列，一二次停电	
2	变压器检查	设备损坏	作业人员在发电机周边动火氢浓度超标	J3	C4	12	中等	查阅档案了解变压器的运行情况： (1)运行中所发现的缺陷和异常情况，出口短路次数和情况； (2)负载温度和附属装置的运行情况； (3)查阅上次大修总结报告和技术档案； (4)查阅试验记录(包括油的化验和色谱分析)了解绝缘状况	
二、检修过程									
1	发电机励磁间及刷架检修	设备损坏	(1)拆除接线时未及时做好标记； (2)拆除接线未进行包扎； (3)起吊时励磁引线划伤励磁滑环	J3	B5	15	中等	(1)拆除接线前先做好记号再进行拆除工作； (2)拆除的接线全部都要进行包扎； (3)起吊作业时应缓慢	
		机械伤害	外罩在起重搬运中掉落	J3	B5	15	中等	(1)起重吊运时，使用合格的钢丝绳； (2)调整钢丝绳，四个吊环均匀受力； (3)吊运中设备下禁止人员逗留； (4)起重人员有上岗证，操作时有专人统一指挥； (5)工作场所设围栏，有指示标志	

续表

序号	工作步骤	潜在危险	危害原因	风险评估				风险控制措施	备注
				可能性	损失	风险值	风险等级		
2	发电机出线、中性点拆装	设备损坏	(1)拆除接线时未及时做好标记； (2)拆除接线未进行包扎； (3)工器具砸坏设备； (4)使用扳手用力过大，引起螺丝断裂	J3	B5	15	中等	(1)拆除接线前先做好记号再进行拆除工作； (2)拆除的接线全部都要进行包扎； (3)在出线箱盘式绝缘子上敷设绝缘垫及木板，防止重物砸坏盘式绝缘垫子； (4)回装用固定力矩进行恢复作业	
		爆炸	出线箱内存在氢气	J3	A6	18	重大	拆除前确认氢气浓度合格	
		高处坠落	脚手架搭建不牢固	I4	B5	20	重大	确认脚手搭建牢固后再进行作业	
3	发电机端盖拆装	设备损坏	(1)拆除接线时未及时做好标记； (2)拆除接线未进行包扎； (3)工器具砸坏设备； (4)使用扳手用力过大，引起螺丝断裂	J3	B5	15	中等	(1)拆除接线前先做好记号再进行拆除工作； (2)拆除的接线全部都要进行包扎； (3)在出线箱盘式绝缘子上敷设绝缘垫及木板，防止重物砸坏盘式绝缘垫子； (4)回装用固定力矩进行恢复作业	
		机械伤害	外罩在起重搬运中掉落	J3	A6	18	重大	(1)起重吊运时，使用合格的钢丝绳； (2)调整钢丝绳，四个吊环均匀受力； (3)吊运中设备下禁止人员逗留； (4)起重人员有上岗证，操作时有专人统一指挥； (5)工作场所设围栏，有指示标志	
4	发电机鼓风机拆装	设备损坏	(1)拆除接线时未及时做好标记； (2)拆除接线未进行包扎； (3)工器具砸坏设备； (4)使用扳手用力过大，引起螺丝断裂； (5)异物进入鼓风机内	J3	B5	15	中等	(1)拆除接线前先做好记号再进行拆除工作； (2)拆除的接线全部都要进行包扎； (3)在出线箱盘式绝缘子上敷设绝缘垫及木板，防止重物砸坏盘式绝缘垫子； (4)回装用固定力矩进行恢复作业； (5)在拆除动叶片时，两侧动静叶片间应用海绵堵好，以防异物落入	

续表

序号	工作步骤	潜在危险	危害原因	风险评估				风险控制措施	备注
				可能性	损失	风险值	风险等级		
5	发电机抽转子	(1)设备损坏； (2)起重伤害	转子在起重搬运中掉落	J3	A6	18	重大	(1)起重吊运时，使用合格的钢丝绳； (2)调整钢丝绳，四个吊环均匀受力； (3)吊运中设备下禁止人员逗留； (4)起重人员有上岗证，操作时有专人统一指挥； (5)工作场所设围栏，有指示标志	
6	发电机定子检查	设备损坏	(1)检查时异物掉在发电机内部； (2)检查人员踩坏发电机端部接头及引水管； (3)定子绕组受潮或粉尘进入	J3	A6	18	重大	(1)检查人员身着连体衣； (2)检查人员穿软底鞋； (3)发电机转子抽出后，两侧大端盖都用帆布盖住，防止粉尘或异物掉入内部	
		中毒与窒息	发电机内部检查时，为事先充入足够时间的压缩空气，内部异味过重	J3	B5	15	中等	(1)进入发电机内部检查前，先充入足够时间的压缩空气； (2)检查人员可戴面罩进入	
7	发电机转子检修	设备损坏	(1)转子未做防护； (2)转子在膛外碰撞损伤	J3	A6	18	重大	(1)转子抽出后，使用塑料纸进行包扎，防止转子受潮； (2)放置转子的区域围安全警示带，防止人员误碰到转子而使转子损伤	
三、修后恢复									
1	发电机穿转子	(1)设备损坏； (2)起重伤害	转子在起重搬运中掉落	J3	A6	18	重大	(1)起重吊运时，使用合格的钢丝绳； (2)调整钢丝绳，四个吊环均匀受力； (3)吊运中设备下禁止人员逗留； (4)起重人员有上岗证，操作时有专人统一指挥； (5)工作场所设围栏，有指示标志； (6)严格按照操作规程开展工作	
2	发电机气密性试验	高处坠落	上高处未正确系安全带，引起高处坠落	I4	C4	16	中等	气密检查发电机泄漏时，高处位置的检查点要搭设脚手架，并高挂使用安全带	

续表

序号	工作步骤	潜在危险	危害原因	风险评估				风险控制措施	备注
				可能性	损失	风险值	风险等级		
3	结束工作	设备损坏	现场遗留检修杂物	I4	C4	16	中等	(1)工作总结,清点检修工器具及材料,确认无遗留无遗失; (2)清扫检修现场	

5.10 燃机2201开关小修作业(表5-11)

表5-11 燃机2201开关小修作业危险源辨识及控制措施表(JSA)

日期:

工作名称/任务:	地点:	编号:
部门:	主管人:	工作执行人职务:
编制:	审查:	批准:

作业环境条件

□室内 □室外 □冷 □热 □湿 □灰尘 □水汽 □噪声 □震动 □天气状况不良 □其他

基本工作行动

□举重 □抓取 □推 □坐 □伸展 □弯曲 □跪 □直立 □拖 □蹲 □攀爬 □其他

一、修前准备

序号	工作步骤	潜在危险	危害原因	风险评估				风险控制措施	备注
				可能性	损失	风险值	风险等级		
1	资料与工具准备	(1)触电; (2)设备损坏; (3)火灾	(1)未参加相关培训,未按要求填写《检修作业指导书》; (2)使用不合适的工具或工具准备不全; (3)开关与另外系统完全解列; (4)使用过期的电动工具; (5)未准备好相关图纸、技术数据、原始资料	J3	A6	18	重大	(1)严格执行定制管理要求; (2)按检修要求准备工具并确认电动工具在合格期内; (3)按检修要求准备好图纸、技术数据、原始资料; (4)办理工作票,确认发电机与系统解列,一二次停电; (5)2201开关与所有系统完全解列	

续表

序号	工作步骤	潜在危险	危害原因	风险评估				风险控制措施	备注
				可能性	损失	风险值	风险等级		
二、检修过程									
1	断路器检查	设备损坏	(1)未进行绝缘子检查,绝缘子表面出现破损; (2)导电回路未检查,连接表面氧化严重; (3)SF6气体气压指示针损坏	J3	B5	15	中等	(1)进行绝缘子检查; (2)导电回路提前进行检查,确认螺丝紧固无松动; (3)检查SF6气体压力; (4)设备拆装前确认好工作步骤,根据要求进行拆装	
		机械伤害	断路器拆装过程中未按规定操作	J3	B5	15	中等	(1)拆装设备过程中禁止人员逗留; (2)起重人员有上岗证,操作时有专人统一指挥; (3)工作场所设围栏,有指示标志	
		触电	(1)未参加相关培训,未按要求填写《检修作业指导书》; (2)使用不合适的工具或工具准备不全	K2	B5	10	中等	(1)严格执行定制管理要求; (2)按检修要求准备工具并确认电动工具在合格期内; (3)按检修要求准备好图纸、技术数据、原始资料; (4)办理工作票,确认发电机与系统解列,一二次停电	
2	液压机构检查	设备损坏	(1)液压机构密封部位出现缝隙; (2)油箱油量运行时过低; (3)辅助开关破损; (4)贮压器预压力过高	J3	B5	15	中等	(1)检查前对液压机构各部位密封结构进行检查补漏; (2)对液压油进行及时补充; (3)确认辅助开关外观完好、机构转动灵活、开关节点无损坏; (4)检查储压器预压力	
		高处坠落	脚手架搭建不牢固	I4	B5	20	重大	确认脚手搭建牢固后再进行作业	
三、修后恢复									
1	结束工作	设备损坏	现场遗留检修杂物	I4	C4	16	中等	(1)工作总结,清点检修工器具及材料,确认无遗留无遗失; (2)清扫检修现场	

5.11 反渗透检修作业(表 5-12)

表 5-12 反渗透检修作业危险源辨识及控制措施表(JSA)

日期：

工作名称/任务：	地点：	编号：
部门：	主管人：	工作执行人职务：
编制：	审查：	批准：

作业环境条件

□室内 □室外 □冷 □热 □湿 □灰尘 □水汽 □噪声 □震动 □天气状况不良 □其他

基本工作行动

□举重 □抓取 □推 □坐 □伸展 □弯曲 □跪 □直立 □拖 □蹲 □攀爬 □其他

一、修前准备

序号	工作步骤	潜在危险	危害原因	风险评估				风险控制措施	备注
				可能性	损失	风险值	风险等级		
1	查阅技术资料与工具准备	(1)触电； (2)设备损坏； (3)机械伤害	(1)未参加相关培训,未按要求填写《检修作业指导书》； (2)未使用正确的劳动保护用品； (3)使用过期的电动工具,电动工器具不符合要求； (4)手动工具如敲击工具锤头松脱、破损等,小工具准备不全或者遗漏等	J3	A6	18	重大	(1)严格执行定制管理要求； (2)按检修要求准备工具并确认电动工具在合格期内； (3)按检修要求准备好图纸、技术数据、原始资料； (4)使用前确定工具完好合格,进厂前确认检查； (5)电源盘等必须使用漏电保护装置； (6)使用前确认各类工具型号和标志牌	
2	制定工作票,确认反渗透系统已切出	触电	防护用品破损	I4	A6	24	重大	(1)使用工具前确定工具完好合格,且能够正常使用； (2)严格按照操作票制定的规范,依次有序进行操作	
3	操作前清洗、检查、测量操作	(1)物体打击； (2)灼烫	误操作引起皮肤直接接触水箱,清洗药品挥发,安全未交底	I4	A6	24	重大	(1)严格执行定制管理要求； (2)进场前进行确认检查； (3)配备各种口罩、面罩和防护手套	
		机械伤害	工具摆放凌乱,使用不合适的工具进行错误操作	I4	B5	20	重大	(1)工作负责人和运行人员共同到现场确认安全措施已执行完毕； (2)阅读工具说明书,明确使用步骤； (3)工作负责人对工作人员进行安全交底	

续表

序号	工作步骤	潜在危险	危害原因	风险评估				风险控制措施	备注
				可能性	损失	风险值	风险等级		
二、检修过程									
1	关闭出入口阀门	设备损坏	(1)误操作； (2)跳项、漏项，未按操作规程进行每一步操作； (3)使用工具不当，技术不过关	J3	B5	15	中等	(1)严格执行操作技能培训，正确使用工器具； (2)合理安排工作流程避免跳项、漏项； (3)正确执行操作技能培训，严格执行定制的管理要求	
		机械伤害	手动工具松脱、破损等，使用不合适工具	J3	B5	15	中等	(1)使用前确认各类工具型号和标志牌； (2)使用前确认工具完好合格	
2	拆除护板，摘除反渗透膜	设备损坏	(1)技术不过关； (2)污垢结实拆不下来； (3)工器具砸坏设备； (4)拆完后东西未按规定摆放	J3	B5	15	中等	(1)拆完后的护板和反渗透膜要按照定制管理要求摆放； (2)穿戴防护用品，使用前确认防护用品完好无损； (3)加强技术操作培训，提升操作水平	
		人身伤害	设备锋利的棱角割伤	J3	A6	18	重大	佩戴防护用品，由专人监督进行操作，执行唱票制	
3	检查、更新、回装良好的反渗透膜元件	设备损坏	(1)使用工具不当； (2)技术不过关； (3)零部件遗失，错位	J3	B5	15	中等	(1)正确使用工器具； (2)设法消除污垢，冲净后再进行拆卸以保证元件完好无损； (3)拆下的部件进行定制管理，专人看护	
		机械伤害	工具使用不当，工具滑脱	J3	A6	18	重大	(1)严格执行操作技能培训； (2)合理安排工作流程； (3)对施工人员进行详细的安全技术交底	
4	紧固端板，连接出入口水管	物体打击	(1)起吊作业时，工器具未抓稳，从高处掉落； (2)工器具砸坏设备； (3)没有正确使用劳动保护用品	J3	B5	15	中等	(1)起吊前检查起吊装置，起吊过程必须有人监护； (2)正确使用工器具； (3)严格制定操作管理要求，并监督执行	
		设备伤害	端板螺丝松动，错位移位，损害设备	J3	A6	18	重大	(1)操作前确认各类工器具型号和标志牌； (2)操作前确认工具完好合格； (3)对施工人员进行详细的安全技术交底	

续表

序号	工作步骤	潜在危险	危害原因	风险评估				风险控制措施	备注
				可能性	损失	风险值	风险等级		
5	打开出口阀，进行试运行	设备故障	走错间隔或误操作，未按规定正确使用工器具	J3	B5	15	中等	(1)严格执行操作技能培训，明确操作步骤，牢记操作规范； (2)运行前应注意周边环境，打开操作阀门前注意设备名称和地点； (3)试运行前，工作负责人和运行人员必须共同到现场监督执行安全措施	
三、修后恢复									
1	整体试运转	设备损坏	冲洗水压过高，超出设备承受范围	J3	A6	18	重大	操作阀门时候注意设备名称，明确操作内容，强化操作技能	
2	清理现场	高处坠落	上高处未正确系安全带，引起高处坠落	I4	C4	16	中等	高处位置的清理工作，由专人监督执行，多人配合进行，并高挂使用安全带	
3	结束工作	设备损坏	现场遗留检修杂物，拆卸零件任意摆放，设备不运行	I4	C4	16	中等	(1)工作总结，清点检修工器具及材料，确认无遗留无遗失； (2)清扫检修现场； (3)拆下的部件进行定制管理	

5.12 卸盐酸泵检修作业(表 5-13)

表 5-13 卸盐酸泵检修作业危险源辨识及控制措施表(JSA)

日期：

工作名称/任务：	地点：	编号：
部门：	主管人：	工作执行人职务：
编制：	审查：	批准：

作业环境条件

□室内 □室外 □冷 □热 □湿 □灰尘 □水汽 □噪声 □震动 □天气状况不良 □其他

基本工作行动

□举重 □抓取 □推 □坐 □伸展 □弯曲 □跪 □直立 □拖 □蹲 □攀爬 □其他

一、修前准备

序号	工作步骤	潜在危险	危害原因	风险评估				风险控制措施	备注
				可能性	损失	风险值	风险等级		
1	查阅图纸，了解各结构及技术数据	数据有误不准确	工作对象不清楚	K2	B5	10	中等	确认目标，防止弄错对象，查阅资料完毕后进行再确认	

续表

序号	工作步骤	潜在危险	危害原因	风险评估				风险控制措施	备注
				可能性	损失	风险值	风险等级		
2	清洗、检查、测量所需备品	人身伤害	工器具选用不当	K2	B5	10	中等	(1)选择合适的操作工器具; (2)检查所用的工具必须完好; (3)正确使用工器具	
3	准备各种检修工具、起吊工具及专用工具。	高处坠落	检查起吊工具,垂直爬梯引起绊跌、踩空、坠落等	J3	C4	12	中等	上下爬梯时抓牢、蹬稳,不得同手同脚,行走注意行走路线,注意观察警示标志	
4	测量水泵的振动情况、轴承温度,做好原始记录	灼烫	穿戴不合适的防护用品	J3	C4	12	中等	正确佩戴劳动保护防护用品,按照规程及配置制作说明执行,正确使用工器具	
5	办理工作票,确认泵停运,电机断电,系统已切出	触电	电机外壳及仪表盘接地不良	K2	B5	10	中等	电机断电时要使用正确的绝缘工具,切出系统操作不得跳项漏项	
6	通知电气专业,拆去电机接线。	设备故障	人员精神状态不佳,引起误操作	J3	C4	12	中等	严格按运行规程操作,现场有专人监督操作,及时调整操作人员的精神状态投入到工作中	
二、检修过程									
1	设备解体	设备损坏	(1)拆除接线时未及时做好标记; (2)工器具选用不当; (3)起吊装置出现故障	J3	B5	15	中等	(1)拆除接线前先做好记号再进行拆除工作; (2)检查所有工器具必须完好; (3)起吊作业时应缓慢,按规程操作	
		机械伤害	手动工具如敲击工具锤头松脱、破损等,使用不合适工具,小工具准备不全或遗漏	J3	B5	15	中等	(1)起重吊运时,使用合格的钢丝绳; (2)调整钢丝绳,四个吊环均匀受力; (3)吊运中设备下禁止人员逗留; (4)起重人员有上岗证,操作时有专人统一指挥; (5)使用前确认各类工具型号的标志牌	

续表

序号	工作步骤	潜在危险	危害原因	风险评估				风险控制措施	备注
				可能性	损失	风险值	风险等级		
2	设备检查测量，检修磨损状况	触电	(1)检修时未及时做好标记； (2)电源线盒位盖未扣严密； (3)触碰电动机及机械转动部位； (4)安全措施未恢复正确	J3	B5	15	中等	(1)检修前先做好记号再进行检修测量工作； (2)专人监护； (3)安全措施恢复正确，待一切正常后终结工作票； (4)穿绝缘鞋和防电弧服	
		机械伤害	工具滑脱，零部件遗失、错位	J3	A6	18	重大	戴手套，拆下的部件进行定制管理	
		高处坠落	脚手架搭建不牢固	I4	B5	20	重大	确认脚手架搭建牢固后再进行作业	
3	设备回装	设备损坏	(1)工具或工具组件易损件质量不良； (2)使用扳手用力过大，引起螺丝断裂	J3	B5	15	中等	(1)阅读工具说明书，学会正确使用； (2)电源线、接地及其他部件良好，检验合格在有效期内； (3)使用工器具操作得当，轻重适度； (4)确定工具完好无损	
		机械伤害	防护用品破损，设备锋利棱角割伤	J3	A6	18	重大	(1)检查防护用品完好无损； (2)正确使用维修操作工器具，必要时需要佩戴手套； (3)严格执行操作培训技能； (4)拆下的部件妥善定制管理，不得随意摆放； (5)工作场所设围栏，有指示标志	
		物体打击	工具摆放凌乱，安全未交底	J3	A6	18	重大	严格执行定制管理要求，工作负责人必须确认安全措施已执行完毕	
4	设备试转，系统恢复	触电	(1)工作票未交给运行值班员； (2)电源线外漏； (3)电源线盒位盖未扣严密	J3	B5	15	中等	(1)检修前先做好记号再进行检修测量工作； (2)专人监护； (3)安全措施恢复正确，待一切正常后终结工作票； (4)穿绝缘鞋和防电弧服	
		人身伤害	(1)触碰电动机及机械转动部位； (2)安全措施未恢复正确	J3	A6	18	重大	(1)正确使用防护用品； (2)合理安排操作流程； (3)对施工人员进行详细的安全技术交底； (4)拆卸下的元件要保证完好无损	

续表

序号	工作步骤	潜在危险	危害原因	风险评估				风险控制措施	备注
				可能性	损失	风险值	风险等级		
三、修后恢复									
1	清理现场	设备损坏	现场杂乱，工器具摆放位置不当，重物伤人	J3	A6	18	重大	(1)起重吊运时，使用合格的钢丝绳； (2)调整钢丝绳，四个吊环均匀受力； (3)吊运中设备下禁止人员逗留； (4)有专人监护，专人打扫； (5)换下的润滑油及废油必须放入废油桶，不得随意倾倒； (6)工完，料尽，场地清	
2	结束工作	设备损坏	现场遗留检修杂物	I4	C4	16	中等	(1)工作总结，清点检修工器具及材料，确认无遗留无遗失； (2)清扫检修现场	

5.13 燃机保护传动试验检修作业（表 5-14）

表 5-14 燃机保护传动试验检修作业危险源辨识及控制措施表（JSA）

日期：

工作名称/任务：	地点：	编号：
部门：	主管人：	工作执行人职务：
编制：	审查：	批准：

作业环境条件

□室内 □室外 □冷 □热 □湿 □灰尘 □水汽 □噪声 □震动 □天气状况不良 □其他

基本工作行动

□举重 □抓取 □推 □坐 □伸展 □弯曲 □跪 □直立 □拖 □蹲 □攀爬 □其他

一、修前准备

序号	工作步骤	潜在危险	危害原因	风险评估				风险控制措施	备注
				可能性	损失	风险值	风险等级		
1	资料与工具准备	(1)触电； (2)设备损坏； (3)火灾	(1)未参加相关培训，未按要求填写《检修作业指导书》； (2)使用不合适的工具或工具准备不全；	J3	A6	18	重大	(1)熟悉保护系统的结构及运行现状，准备好作业指导书； (2)将《检修作业指导书》中需要在检修前填写的内容填写完整； (3)准备好检修常用工具、专用工具及其他工具以及所需备品备件及耗材，按检修要求准备工具并确认电动工具在合格期内；	

续表

序号	工作步骤	潜在危险	危害原因	风险评估				风险控制措施	备注
				可能性	损失	风险值	风险等级		
			(3)使用过期的电动工具； (4)未准备好相关图纸、技术数据、原始资料					(4)办理工作票，准备进行检修； (5)提前让作业组员了解检修前自动系统的运行状况，设备的缺陷情况； (6)对作业组成员进行培训	
2	设备与系统状态确认	(1)火灾； (2)爆炸	(1)设备未与系统隔离； (2)后回路负载运行状态异常	K2	A6	18	重大	(1)保护系统进行试验前，要确认后回路负载的运行状态，必要时先做好防止设备误动的安全措施； (2)设备拆装前，应确认设备与系统已进行隔离，如断电、断气等措施已执行； (3)参加检修的人员进行安全教育和技术培训	
		设备损坏	辅机连锁失效	K2	E2	15	中等	(1)投入运行前确认辅机连锁逻辑正常后方可投入使用； (2)采用物理方法对连锁试验进行保护，不能采用物理方法时，在测量设备校验准确的前提下在现场信号源点处模拟试验条件进行； (3)按照规范填写保护连锁试验报告，并保存两次大修及其之间的所有记录备查	
二、检修过程									
1	试验前准备	设备异常	(1)相关的机务、电气检修工作未结束； (2)未复原控制装置上电； (3)相关阀门等电源、气源参数不正常且未被检查出； (4)所有泵与风机的运行试验已完成，点火器的点火测试和火焰检测器的测试已完成；	I4	A6	24	重大	(1)试验前准备应按试验操作卡逐项、逐步进行，并做好试验记录； (2)每一项试验，均应检查指令与反馈是否相符。且每项试验合格后，应有参加试验人员签字； (3)试验合格后交付运行，如再有变动，必须履行有关手续并重新试验； (4)试验时发现有不正常现象，要分析和查找原因，直至彻底解决存在的隐患并重新进行保护试验直至合格； (5)操作前操作人在电脑上认真核对设备名称、编号及状态；	

续表

序号	工作步骤	潜在危险	危害原因	风险评估				风险控制措施	备注
				可能性	损失	风险值	风险等级		
1	试验前准备	设备异常	(5)相关热工仪表的校验和回路检查未完成；(6)逻辑检查、修改工作未完成；(7)具有"试验"位置的辅机动力电源开关应放至未在"试验"位置；(8)就地及集控室手动启、停控制试验未合格	I4	A6	24	重大	(6)操作时操作人用手指屏幕复诵，待监护人确认后方可进行操作；(7)作业前确认保护回路的负载运行情况，做好危险预想；(8)参加检修的人员进行安全教育和技术培训，达到上岗条件	
		触电	走错间隔	3J	D3	18	重大	每一项试验，均应检查指令与反馈是否相符。且每项试验合格后，应有参加试验人员签字	
2	燃机保护试验	设备损坏	(1)试验条件未达到试验要求；(2)员工误操作	K2	C4	25	重大	(1)进行每一项连锁、保护试验，均应检查 TCS、DCS 操作员站 CRT 显示、报警记录和事故追忆记录，与实际状况相符；(2)连锁传动试验应按试验操作卡逐项、逐步进行，并做好试验记录；(3)连锁系统中若有硬接线逻辑，应进行试验验证；(4)试验时发现有不正常现象，要分析和查找原因，直至彻底解决存在的隐患并重新进行相关试验直至合格；(5)严格执行检修工艺规程及质量标准及验收工序；(6)保护连锁试验应尽量采用物理方法进行，不能采用物理方法的可在测量设备校验准确的前提下，在现场信号源点处模拟试验条件进行	
		灼烫	(1)操作过程中误碰高温阀；(2)高温蒸汽逸出	J3	D3	25	中等	(1)检验过程中严禁触碰管道，使用相应工具对管道、闸门进行操作；(2)检查高温管道时需佩带隔热装备；(3)高温管道外设置隔离装置	

续表

序号	工作步骤	潜在危险	危害原因	风险评估				风险控制措施	备注
				可能性	损失	风险值	风险等级		
3	保护传动试验记录	信息资料不全	员工误操作	H5	E2	10	中等	(1)试验报告中应将试验项目、试验方法、试验依据、试验日期、试验人员、审核人及试验数据填写完整、规范，并保存两次大修及其之间的所有记录备查； (2)进行信号强制时，要求强制正确，记录完整，包括：逻辑图号、强制信号、操作时间和恢复时间、执行人以及监护人； (3)每项试验合格后，应有试验人员、运行人员的签字	
4	跳闸阀试验	设备损坏	(1)试验条件未达到试验要求； (2)员工误操作； (3)电磁阀测试对象选择错误	J3	A6	18	重大	(1)当事故油中间油压力(01MAY03CP206)≥9.8 MPa时，不允许对SV1或SV3进行测试； (2)当事故油中间油压力(01MAY03CP205)≤3.9 MPa时，不允许对SV2或SV4进行测试； (3)当中间油压力为6.9 MPa时可以进行试验； (4)每个跳闸阀试验结束后，等到01MAY03CP302的压力恢复正常和所有报警信号复位后，才能进行下一个跳闸阀试验； (5)检修的人员必须熟悉本作业指导书，并能熟记熟背本书的检修项目，工艺质量标准； (6)试验前检查各项工艺指标要求，并由监督人员确认后才可进行试验； (7)输入参数时需要反复确认，并由监督人员检验后才可进行试验	
5	检修记录	信息资料不全	员工误操作	H5	F1	5	一般	做好各项试验的详细试验过程、出现的问题和处理结果记录，归档保存	

续表

序号	工作步骤	潜在危险	危害原因	风险评估				风险控制措施	备注
				可能性	损失	风险值	风险等级		
三、修后恢复									
1	设备状态恢复	设备损坏	相应仪器设备参数未恢复至正常状态	J3	E2	20	重大	(1)试验结束后严格按照规程一一核对设备状态，并由验收人员验收； (2)试验结束，做好系统及设备的恢复工作。试验中模拟的试验条件和逻辑强制应有详细记录，试验后应立即恢复至正常状态	
2	结束工作	设备损坏	现场遗留检修杂物	I4	C4	16	中等	(1)工作总结，清点检修工器具及材料，确认无遗留无遗失； (2)清扫检修现场； (3)办理工作票终结手续	

5.14 燃机自动系统检修作业（表5-15）

表5-15 燃机自动系统检修作业危险源辨识及控制措施表（JSA）

日期：

工作名称/任务：	地点：	编号：
部门：	主管人：	工作执行人职务：
编制：	审查：	批准：

作业环境条件

□室内 □室外 □冷 □热 □湿 □灰尘 □水汽 □噪声 □震动 □天气状况不良 □其他

基本工作行动

□举重 □抓取 □推 □坐 □伸展 □弯曲 □跪 □直立 □拖 □蹲 □攀爬 □其他

序号	工作步骤	潜在危险	危害原因	风险评估				风险控制措施	备注
一、修前准备									
				可能性	损失	风险值	风险等级		
1	资料与工具准备	(1)触电； (2)设备损坏； (3)火灾	(1)未参加相关培训，未按要求填写《检修作业指导书》； (2)使用不合适的工具或工具准备不全； (3)使用过期的电动工具；	J3	A6	18	重大	(1)严格执行定制管理要求； (2)按检修要求准备工具并确认电动工具在合格期内； (3)按检修要求准备好图纸、技术数据、原始资料和易损件； (4)严格按照《检修作业指导书》办理工作票，确认发电机与系统解列，一二次停电；	

续表

序号	工作步骤	潜在危险	危害原因	风险评估				风险控制措施	备注
				可能性	损失	风险值	风险等级		
1	资料与工具准备		(4)未准备好相关图纸、技术数据、原始资料					(5)确认检查自动系统中所有的设备已检修结束,控制回路和动力回路已送电; (6)提前让作业组员了解检修前自动系统的运行状况,设备的缺陷情况	
2	设备与系统状态确认	(1)火灾; (2)爆炸	(1)设备未与系统隔离; (2)后回路负载运行状态异常	K2	A6	18	重大	(1)保护系统进行试验前,要确认后回路负载的运行状态,必要时先做好防止设备误动的安全措施; (2)设备拆装前,应确认设备与系统已进行隔离,如断电、断气等措施已执行; (3)参加检修的人员进行安全教育和技术培训	
		设备损坏	辅机连锁失效	K2	E2	15	中等	(1)投入运行前确认辅机连锁逻辑正常后方可投入使用; (2)采用物理方法对连锁试验进行保护,不能采用物理方法时,在测量设备校验准确的前提下在现场信号源点处模拟试验条件进行; (3)按照规范填写保护连锁试验报告,并保存两次大修及其之间的所有记录备查	
二、检修过程									
1	自动控制回路试验	设备损坏	(1)试验后未恢复至正常状态; (2)变动后未重新试验,直接交付使用; (3)员工误操作	I4	A6	24	重大	(1)自动试验应按试验操作卡逐项、逐步进行,并做好试验记录; (2)每一项试验,均应检查指令与反馈是否相符。且每项试验合格后,应有参加试验人员签字; (3)试验合格后交付运行,如再有变动,必须履行有关手续并重新试验; (4)试验时发现有不正常现象,要分析和查找原因,直至彻底解决存在的隐患并重新进行保护试验直至合格; (5)操作前操作人在电脑上认真核对设备名称、编号及状态; (6)操作时操作人用手指屏幕复诵,待监护人确认后方可进行操作	

续表

序号	工作步骤	潜在危险	危害原因	风险评估				风险控制措施	备注
				可能性	损失	风险值	风险等级		
2	负荷扰动试验	设备损坏	(1)试验条件未达到试验要求； (2)员工误操作； (3)润滑油温过高	K2	C4	25	重大	(1)操作前操作人在电脑上认真核对设备名称、编号、数据及状态； (2)操作时操作人用手指屏幕复诵，待监护人确认后方可进行操作； (3)检修的人员必须熟悉本作业指导书，并能熟记熟背本书的检修项目，工艺质量标准； (4)试验前检查各项工艺指标要求，并由监督人员确认后才可进行试验； (5)输入参数时需要反复确认，并由监督人员检验后才可进行试验； (6)严格控制润滑油油温在65 ℃以内，及时对其进行降温	
		灼烫	(1)操作过程中误碰高温阀； (2)高温蒸汽逸出	J3	D3	25	中等	(1)检验过程中严禁触碰管道，使用相应工具对管道、闸门进行操作； (2)检查高温管道时需佩带隔热装备； (3)高温管道外设置隔离装置	
3	自动系统燃动试验记录	信息资料不全	员工误操作	H5	E2	10	中等	(1)试验报告中应将试验项目、试验方法、试验依据、试验日期、试验人员、审核人及试验数据填写完整、规范，并保存两次大修及其之间的所有记录备查； (2)进行信号强制时，要求强制正确，记录完整，包括：逻辑图号、强制信号、操作时间和恢复时间、执行人以及监护人； (3)每项试验合格后，应有试验人员、运行人员的签字	
三、修后恢复									
1	设备状态恢复	设备损坏	相应仪器设备参数未恢复至正常状态	J3	E2	20	重大	(1)试验结束后严格按照规程一一核对设备状态，并由验收人员验收。 (2)试验结束，做好系统及设备的恢复工作。试验中模拟的试验条件和逻辑强制应有详细记录，试验后应立即恢复至正常状态	
2	结束工作	设备损坏	现场遗留检修杂物	I4	C4	16	中等	(1)工作总结，清点检修工器具及材料，确认无遗留无遗失； (2)清扫检修现场	

5.15 燃机罩壳及排气段可燃气泄漏检测仪检修作业(表5-16)

表5-16 燃机罩壳及排气段可燃气泄漏检测仪检修作业危险源辨识及控制措施表(JSA)

日期：

工作名称/任务：	地点：	编号：
部门：	主管人：	工作执行人职务：
编制：	审查：	批准：

作业环境条件

□室内 □室外 □冷 □热 □湿 □灰尘 □水汽 □噪声 □震动 □天气状况不良 □其他

基本工作行动

□举重 □抓取 □推 □坐 □伸展 □弯曲 □跪 □直立 □拖 □蹲 □攀爬 □其他

序号	工作步骤	潜在危险	危害原因	风险评估				风险控制措施	备注
				可能性	损失	风险值	风险等级		
一、修前准备									
1	资料与工具准备	(1)触电； (2)设备损坏； (3)火灾	(1)未参加相关培训,未按要求填写《检修作业指导书》； (2)使用不合适的工具或工具准备不全； (3)使用过期的电动工具； (4)未准备好相关图纸、技术数据、原始资料	J3	A6	18	重大	(1)严格执行定制管理要求； (2)按检修要求准备工具并确认电动工具在合格期内； (3)按检修要求准备好图纸、技术数据、原始资料； (4)办理工作票,确认发电机与系统解列,一二次停电	
二、检修过程									
1	检查项目	尘肺	(1)管道粉尘浓度高且工作人员未佩戴个体防护装备； (2)清扫过滤器时灰尘浓度过高且未佩戴个体防护装备	I4	F1	10	中等	员工操作前佩戴好呼吸性个体防护装备	
		触电	(1)连接导线短路； (2)工作人员未佩戴绝缘装备	J3	E2	12	中等	(1)导线检修前先用测电装置进行测电,确认其在安全范围内方可进行操作； (2)工作人员严格按照要求佩戴绝缘装备	

续表

序号	工作步骤	潜在危险	危害原因	风险评估				风险控制措施	备注
				可能性	损失	风险值	风险等级		
1	检查项目	设备损坏	(1)未按照规定步骤进行操作； (2)员工误操作	K2	C4	25	重大	(1)操作前操作人在电脑上认真核对设备名称、编号、数据及状态； (2)操作时操作人用手指屏幕复诵，待监护人确认后方可进行操作； (3)检修的人员必须熟悉本作业指导书，并能熟记熟背本书的检修项目，工艺质量标准； (4)试验前检查各项工艺指标要求，并由监督人员确认后才可进行试验； (5)输入参数时需要反复确认，并由监督人员检验后才可进行试验	
		爆炸	燃机排气段和燃机罩壳的燃气泄漏监测系统连不稳定	J3	B5	15	中等	(1)连接安装系统时严格对每一步进行把关，控制气密性； (2)认真检查仪表的报警定值和报警输出的延时时间	
2	回路传动	设备损坏	(1)未按照规定步骤进行操作； (2)员工误操作	K2	C4	25	重大	(1)操作前操作人在电脑上认真核对设备名称、编号、数据及状态； (2)操作时操作人用手指屏幕复诵，待监护人确认后方可进行操作； (3)检修的人员必须熟悉本作业指导书，并能熟记熟背本书的检修项目，工艺质量标准； (4)试验前检查各项工艺指标要求，并由监督人员确认后才可进行试验； (5)输入参数时需要反复确认，并由监督人员检验后才可进行试验	
3	投运过程	设备损坏	(1)投运前人员检查漏项、跳项； (2)投运后未进行检查； (3)投运后检查人员漏项、跳项	K2	C4	23	重大	(1)投运前检查应按试验操作卡逐项、逐步进行，并做好试验记录； (2)每一项检查，均应检查指令与反馈是否相符。且每项试验合格后，应有参加试验人员签字； (3)试验前检查合格后交付运行，如再有变动，必须履行有关手续并重新试验； (4)检查时发现有不正常现象，要分析和查找原因，直至彻底解决存在的隐患并重新进行保护试验直至合格；	

续表

序号	工作步骤	潜在危险	危害原因	风险评估				风险控制措施	备注
				可能性	损失	风险值	风险等级		
3	投运过程	设备损坏						(5)检查前操作人在电脑上认真核对设备名称、编号及状态； (6)检查时操作人用手指屏幕复诵，待监护人确认后方可进行操作； (7)作业前确认保护回路的负载运行情况，做好危险预想； (8)参加检修的人员进行安全教育和技术培训，达到上岗条件	
4	停用	爆炸	(1)未经主管领导批准，燃气泄漏监测系统擅自退出运行； (2)经主管领导批准停用的系统，未规定时间内处理完故障并恢复运行	I4	C4	16	中等	(1)未经主管领导批准，燃气泄漏监测系统不得擅自退出运行； (2)经主管领导批准停用的系统，必须在规定时间内处理完故障并恢复运行	
5	检修记录	信息资料不全	员工误操作	H5	F1	5	一般	做好各项试验的详细试验过程、出现的问题和处理结果记录，归档保存	
三、修后恢复									
1	设备状态恢复	设备损坏	相应仪器设备参数未恢复至正常状态	J3	E2	20	重大	(1)试验结束后严格按照规程一一核对设备状态，并由验收人员验收。 (2)试验结束，做好系统及设备的恢复工作。试验中模拟的试验条件和逻辑强制应有详细记录，试验后应立即恢复至正常状态	
2	结束工作	设备损坏	现场遗留检修杂物	I4	C4	16	中等	(1)工作总结，清点检修工器具及材料，确认无遗留无遗失； (2)清扫检修现场； (3)办理工作票终结手续	

5.16 燃机变送器校验检修作业(表 5-17)

表 5-17 燃机变送器校验检修作业危险源辨识及控制措施表(JSA)

日期：

工作名称/任务：	地点：	编号：
部门：	主管人：	工作执行人职务：
编制：	审查：	批准：

作业环境条件

□室内 □室外 □冷 □热 □湿 □灰尘 □水汽 □噪声 □震动 □天气状况不良 □其他

基本工作行动

□举重 □抓取 □推 □坐 □伸展 □弯曲 □跪 □直立 □拖 □蹲 □攀爬 □其他

序号	工作步骤	潜在危险	危害原因	风险评估				风险控制措施	备注
				可能性	损失	风险值	风险等级		
一、修前准备									
1	熟悉设备结构现状，准备好作业指导书	数据有误不准确	工作对象不清楚	K2	B5	10	中等	确认目标，防止弄错对象，查阅资料完毕后进行再确认	
2	准备各种常用工具、专用工具及其他工具	物体打击	物件过重，未使用工具或器具	J3	C4	12	中等	提供适当搬运工具或其他工具，正确姿势搬运，检查各类工具符合安全要求	
3	办理工作票，确认变送器测点与系统隔离	机械伤害	吊钩和卡扣损坏，钢丝绳毛刺或断裂	J3	C4	12	中等	预先设置隔离措施，戴防护手套、安全帽，检查检修工器具是否完好	
4	准备校验工具，备用耗材	触电	电机外壳及仪表盘接地不良	K2	B5	10	中等	电机断电时要使用正确的绝缘工具，切出系统操作不得跳项漏项	
二、检修过程									
1	变送器的拆卸	设备损坏	(1)拆除接线时未及时做好标记； (2)工器具选用不当； (3)卸拉用品损坏	J3	B5	15	中等	(1)拆除接线前先做好记号再进行拆除工作； (2)检查所有工器具必须完好； (3)现场必须有维修人员监护	
		机械伤害	手动工具如敲击工具锤头松脱、破损等，使用不合适工具，小工具准备不全或遗漏	J3	B5	15	中等	(1)起重吊运时，使用合格的钢丝绳； (2)专人指挥起吊，避免吊物下站人； (3)吊运中设备下禁止人员逗留； (4)起重人员有上岗证，操作时有专人统一指挥； (5)使用前确认各类工具型号的标志牌	

续表

序号	工作步骤	潜在危险	危害原因	风险评估				风险控制措施	备注
				可能性	损失	风险值	风险等级		
2	变送器的调校	触电	(1)检修时未及时做好标记； (2)电源线盒位盖未扣严密； (3)触碰电动机及机械转动部位； (4)安全措施未恢复正确	J3	B5	15	中等	(1)检修前先做好记号再进行检修测量工作； (2)专人监护； (3)安全措施恢复正确，待一切正常后终结工作票； (4)穿绝缘鞋和防电弧服	
		机械伤害	工具滑脱，零部件遗失、错位	J3	A6	18	重大	戴手套，拆下的部件进行定制管理	
		高处坠落	脚手架搭建不牢固	I4	B5	20	重大	确认脚手搭建牢固后再进行作业	
3	燃机变送器回装	设备损坏	(1)工具或工具组件易损件质量不良； (2)使用扳手用力过大，引起螺丝断裂	J3	B5	15	中等	(1)阅读工具说明书，学会正确使用； (2)电源线、接地及其他部件良好，检验合格在有效期内； (3)使用工器具操作得当，轻重适度； (4)确定工具完好无损	
		机械伤害	防护用品破损，设备锋利棱角割伤	J3	A6	18	重大	(1)检查防护用品完好无损； (2)正确使用维修操作工器具，必要时需要佩戴手套； (3)严格执行操作培训技能； (4)拆下的部件妥善定制管理，不得随意摆放； (5)工作场所设围栏，有指示标志	
		物体打击	工具摆放凌乱，安全未交底	J3	A6	18	重大	严格执行定制管理要求，工作负责人必须确认安全措施已执行完毕	
4	质量标准审查	人身伤害	员工缺乏安全作业技能，用力不当或蛮干	J3	B5	15	中等	(1)按规定执行操作监护，加强安全操作技能培训，提高工作效率； (2)正确填写和检查操作票填写内容正确，采用适当操作工具，做好设备日常维护工作	
		设备异常	填错操作票引起误操作	J3	C4	12	中等		

续表

序号	工作步骤	潜在危险	危害原因	风险评估				风险控制措施	备注
				可能性	损失	风险值	风险等级		
5	设备试转系统试运行	触电	(1)工作票未交给运行值班员； (2)电源线外漏； (3)电源线盒位盖未扣严密	J3	B5	15	中等	(1)检修前先做好记号再进行检修测量工作； (2)专人监护； (3)安全措施恢复正确，待一切正常后终结工作票； (4)穿绝缘鞋和防电弧服	
		人身伤害	(1)触碰电动机及机械转动部位； (2)安全措施未恢复正确	J3	A6	18	重大	(1)正确使用防护用品； (2)合理安排操作流程； (3)对施工人员进行详细的安全技术交底； (4)拆卸下的元件要保证完好无损	
三、修后恢复									
1	清理现场	设备损坏	现场杂乱，工器具摆放位置不当，重物伤人	J3	A6	18	重大	(1)起重吊运时，使用合格的钢丝绳； (2)调整钢丝绳，四个吊环均匀受力； (3)吊运中设备下禁止人员逗留； (4)有专人监护，专人打扫； (5)换下的润滑油及费油必须放入废油桶，不得随意倾倒； (6)工完，料尽，场地清	
2	结束工作	设备损坏	现场遗留检修杂物	I4	C4	16	中等	(1)工作总结，清点检修工器具及材料，确认无遗留无遗失； (2)清扫检修现场	

5.17 220 V蓄电池核对性充放电作业(表5-18)

表5-18 220 V蓄电池核对性充放电作业危险源辨识及控制措施表(JSA)

日期：

工作名称/任务：	地点：	编号：
部门：	主管人：	工作执行人职务：
编制：	审查：	批准：

作业环境条件

□室内 □室外 □冷 □热 □湿 □灰尘 □水汽 □噪声 □震动 □天气状况不良 □其他

基本工作行动

□举重 □抓取 □推 □坐 □伸展 □弯曲 □跪 □直立 □拖 □蹲 □攀爬 □其他

续表

序号	工作步骤	潜在危险	危害原因	风险评估				风险控制措施	备注
				可能性	损失	风险值	风险等级		
一、修前准备									
1	作业前准备	触电	(1)未参加相关培训,未按工作票安全措施履行; (2)未准备好相关图纸、技术数据、原始资料; (3)未提前了解被试蓄电池组的运行情况	K2	C4	8	一般	(1)严格执行定制管理要求; (2)严格按照工作票安全措施履行; (3)提前了解好被试蓄电池组的运行状况; (4)提前准备好作业所需图纸及工器具	
2	现场布置	物体打击	(1)未穿戴个体防护装备; (2)工具、材料随意摆放	K2	C4	8	一般	(1)工具、材料按指定位置放置; (2)作业现场设置工器具存放区、备品备件存放区和废物存放区,各区应设置合理	
二、检修过程									
1	蓄电池外观、电压检查	触电	(1)未按规定检查蓄电池情况; (2)未使用绝缘或采取绝缘包扎措施的工器具; (3)未穿戴个体防护装备	J3	C4	12	中等	(1)严格按照规定步骤检查蓄电池情况; (2)使用绝缘或采取绝缘包扎措施的工器具; (3)使用前严格检查工器具; (4)作业过程中严格按要求穿戴个体防护装备	
		设备损坏	出现直流短路	J3	C4	12	中等	(1)严格按照规定步骤操作; (2)防止直流短路、接地	
2	调整运行方式、试验接线	触电	(1)未按规定要求操作; (2)出现直流短路; (3)未按规定检查放电装置; (4)未穿戴个体防护装备	I4	B5	20	重大	(1)按照规定要求进行操作; (2)防止直流短路、接地; (3)作业前按规定检查放电装置; (4)作业过程中严格按要求穿戴个体防护装备	

续表

序号	工作步骤	潜在危险	危害原因	风险评估				风险控制措施	备注
				可能性	损失	风险值	风险等级		
3	设置放电仪参数、蓄电池反复充放电	设备损坏	(1)母线电压异常； (2)蓄电池过放电； (3)放电仪参数设置错误	K2	C4	8	一般	(1)作业过程中注意观察母线电压，异常时及时停止放电； (2)正确设置放电仪参数，防止误操作； (3)防止蓄电池过充电、过放电	
		触电	(1)未穿戴个体防护装备； (2)未按规定要求操作	K2	B5	10	中等	(1)作业过程中严格按要求操作； (2)按要求穿戴个体防护装备	
三、修后恢复									
1	恢复正常运行方式	设备损坏	(1)直流短路接地； (2)母线失压	J3	B5	15	中等	(1)防止直流短路接地； (2)防止直流母线失压	
2	结束工作	设备损坏	现场遗留检修杂物	K2	C4	8	一般	(1)工作总结，清点检修工器具及材料，确认无遗留无遗失； (2)清扫检修现场	

5.18 燃机发电机保护校验检修作业(表 5-19)

表 5-19 燃机发电机保护校验检修作业危险源辨识及控制措施表(JSA)

日期：

工作名称/任务：	地点：	编号：
部门：	主管人：	工作执行人职务：
编制：	审查：	批准：

作业环境条件

□室内 □室外 □冷 □热 □湿 □灰尘 □水汽 □噪声 □震动 □天气状况不良 □其他

基本工作行动

□举重 □抓取 □推 □坐 □伸展 □弯曲 □跪 □直立 □拖 □蹲 □攀爬 □其他

序号	工作步骤	潜在危险	危害原因	风险评估				风险控制措施	备注
一、修前准备									
				可能性	损失	风险值	风险等级		
1	检修前准备	(1)触电； (2)设备损坏	(1)未参加相关培训，未按要求填写《检修作业指导书》；	K2	B5	10	中等	(1)检修工作前结合一次设备停电计划，检查设备状况、防范计划的执行情况及设备的缺陷； (2)按检修要求准备工具并确认电动工具在合格期内；	

续表

序号	工作步骤	潜在危险	危害原因	风险评估				风险控制措施	备注
				可能性	损失	风险值	风险等级		
1	检修前准备	(1)触电； (2)设备损坏	(2)使用不合适的工具或工具准备不全； (3)使用过期的电动工具； (4)现场安全技术措施及图纸如有错误，可能造成做安全技术措施时误跳运行设备	K2	B5	10	中等	(3)按检修要求准备好图纸、技术数据、原始资料； (4)根据现场工作时间和工作内容落实工作票； (5)工作人员身心健康，参加相应培训，具备专业作业技能； (6)工作票签发后工作开始前，工作负责人必须向工作成员详细说明工作内容、工作范围、相邻带电设备、危险点等情况	
二、检修过程									
1	外观及接线检查，保护屏内二次接线检查清扫	设备损坏	(1)未按照工作票中的检查要求开展工作； (2)拆动二次接线如拆端子外侧接线，有可能造成二次交、直流电压回路短路、接地，联跳回路误跳运行设备	K2	C4	8	一般	(1)按设计者提供的装置背面接线图和端子排图，核对装置接线的正确性，检查相间电缆连接位置的正确性； (2)保护装置内部接线是否有断线、短路、焊接不良等现象，元器件外观是否良好，所有模块应插紧； (3)核查电源模块的额定工作电压； (4)电子元件、印刷线路、焊点等导电部分与金属框架间距应大于 3 mm； (5)保护装置的后面端子排连接应可靠，且标号应清晰正确； (6)各插件与地板的接触良好，无松动现象，按钮、键盘等应操作灵活、手感良好； (7)对保护装置和回路接线应进行清洁处理，以防爬电、短路等不良现象出现	
2	绝缘电阻测试	设备损坏	(1)检查时未断开保护装置与其他装置的有关连线； (2)测试时其他回路未接地； (3)带电插拔插件，易造成集成块损坏； (4)频繁插拔插件，易造成插件接插头松动	J3	B5	15	中等	(1)将所有插件拔出，装入专用的金属膜屏蔽袋中； (2)拆除屏上的全部接地点； (3)断开直流电源、交流电流、电压等回路，并断开保护装置与其他装置的有关连线； (4)整个二次回路的绝缘电阻检测	

续表

序号	工作步骤	潜在危险	危害原因	风险评估				风险控制措施	备注
				可能性	损失	风险值	风险等级		
3	装置通电检查	设备损坏	设备状态异常	J3	B5	15	中等	(1)作业人员认真检查设备状态； (2)工作时应加强监护，防止误入运行间隔，特别要注意防止误登运行设备	
		触电	(1)设备状态异常； (2)作业人员未按要求穿戴个体防护装备； (3)电压回路短路或未断开电压回路通电	J3	B5	20	重大	(1)作业人员认真检查设备状态； (2)作业人员严格按照要求穿戴个体防护装备； (3)使用仪表应正确选择挡位及量程，防止损坏仪表或因误用低内阻档测量直流回路造成直流接地、短路和误跳运行设备	
4	保护定值校验	设备损坏	设备状态异常	J3	B5	15	中等	作业人员认真检查设备状态	
		触电	(1)设备状态异常； (2)作业人员误登设备； (3)电压回路短路或未断开电压回路通电	K2	B5	10	中等	按工作票检查被试保护屏上的运行设备	
5	输出信号接点检查	设备损坏	接点错误	K2	C4	8	一般	(1)作业人员严格按照操作票确定接点； (2)检查本屏所有保护屏上压板在退出位置	
6	装置保护整体功能检查	(1)设备损坏； (2)触电	(1)保护传动配合不当，易造成人员受伤及设备事故； (2)保护室内使用无线通信设备，易造成保护不正确动作	K2	B5	10	中等	(1)保护传动时应相互协调并由专人指挥，防止因配合不当造成设备损坏和人员受伤； (2)在保护室内严禁使用无线通信设备	
7	断路器传动试验	(1)设备损坏； (2)触电	(1)断路器失灵可能误跳运行断路器； (2)作业人员未按要求穿戴个体防护装备，或工具使用不当； (3)电压回路短路或未断开电压回路通电	J3	B5	15	中等	(1)用控制开关拉合断路器、分电屏上直流开关的拉合应由运行人员； (2)在传动断路器时，必须先得到一次工作负责人同意，并在断路器机构箱明显的地方挂“在此工作”标示牌后，方可传动断路器	

续表

序号	工作步骤	潜在危险	危害原因	风险评估				风险控制措施	备注
				可能性	损失	风险值	风险等级		
三、修后恢复									
1	所有定值和系统设置核查	设备损坏	定值设置错误	K2	C4	8	一般	(1)所有试验项目完成后,应用PCS-PC从网口将定值下载到硬盘上,并检查每一相设置的正确性;(2)将定值按日期命名后,待到下次检修时再与现场定值核对	
2	送电后试验	触电	(1)设备状态异常;(2)作业人员未按要求穿戴个体防护装备	K2	C4	8	一般	如果交流电流、电压回路发生变化或一次设备发生变化,需要进行带电后的向量检验	

5.19 燃机低压电机大修作业(表5-20)

表5-20 燃机低压电机大修危险源辨识及控制措施表(JSA)

日期:

工作名称/任务:	地点:	编号:
部门:	主管人:	工作执行人职务:
编制:	审查:	批准:

作业环境条件

□室内 □室外 □冷 □热 □湿 □灰尘 □水汽 □噪声 □震动 □天气状况不良 □其他

基本工作行动

□举重 □抓取 □推 □坐 □伸展 □弯曲 □跪 □直立 □拖 □蹲 □攀爬 □其他

序号	工作步骤	潜在危险	危害原因	风险评估				风险控制措施	备注
				可能性	损失	风险值	风险等级		
一、修前准备									
1	资料与工具准备	(1)触电;(2)设备损坏	(1)未参加相关培训,未按要求填写《检修作业指导书》;(2)使用不合适的工具或工具准备不全;(3)使用过期的电动工具;(4)未准备好相关图纸、技术数据、原始资料	J3	D3	9	中等	(1)熟悉设备结构及现状,准备好作业指导书;(2)将《检修作业指导书》中需要在检修前填写的内容填写完整;(3)按检修要求准备工具并确认电动工具在合格期内;(4)按检修要求准备好图纸、技术数据、原始资料;(5)办理工作票,确认停机停电	

续表

序号	工作步骤	潜在危险	危害原因	风险评估				风险控制措施	备注
				可能性	损失	风险值	风险等级		
二、检修过程									
1	电机拆解	触电	解体前三相电源线短接后未接地	J3	B5	9	中等	三相电源线短接后并用软铜线可靠接地	
		设备损坏	(1)拆除接线时未及时做好标记； (2)拆除接线未进行包扎； (3)起吊时引线划伤压电机转子； (4)抽出转轴时，碰撞定子铁芯及端部线圈	I4	B5	15	重大	(1)拆电机引线，做好相序标记； (2)起吊作业时应缓慢，要用假轴，借助铁马或吊车将转子抽出； (3)小型低压电机转子，一侧一个人配合抽出即可，抽出时要缓慢、平稳	
		机械伤害	端盖在起重搬运中掉落	J3	B5	15	中等	(1)起重吊运时，使用合格的钢丝绳； (2)调整钢丝绳，四个吊环均匀受力； (3)吊运中设备下禁止人员逗留； (4)起重人员有上岗证，操作时有专人统一指挥； (5)工作场所设围栏，有指示标志	
2	解体后电动机的清扫、检查	设备损坏	(1)工器具砸坏设备； (2)使用扳手用力过大，引起螺丝断裂； (3)拆下来元件遗失	I4	B5	15	重大	(1)拆下来的小盖、端盖、弹簧圈、螺丝、锁片、密封圈等应做好记录，妥善保管； (2)人员应经过培训，精力要高度集中，服从工作负责人的统一指挥和调配	
		高处坠落	脚手架搭建不牢固	J3	B5	15	中等	确认脚手搭建牢固后再进行作业	
3	电机组装、检查与试运行	设备损坏	(1)定子膛内异物未清理，零部件存在污垢； (2)使用扳手用力过大，引起螺丝断裂；	I4	B5	15	重大	(1)拆下来的小盖、端盖、弹簧圈、螺丝、锁片、密封圈等应用汽油清洗，擦拭干净，机座和端盖止口上的漆瘤和污垢应清除干净； (2)人员应经过培训，精力要高度集中，服从工作负责人的统一指挥和调配；	

续表

序号	工作步骤	潜在危险	危害原因	风险评估				风险控制措施	备注
				可能性	损失	风险值	风险等级		
3	电机组装、检查与试运行	设备损坏	(3)装配时，部件遗失； (4)润滑油量使用过少					(3)按电机分解的相反顺序组装电机，端盖的组装要以对角螺丝逐个拧紧带人，拧紧螺丝掌握力度，打紧锁片，不要碰伤轴承内套、滚柱、支持架； (4)上好风扇、风扇罩，注意各部间隙，电机手动盘车，转动平稳，无杂音，无卡涩，电机就位	
		高处坠落	脚手架搭建不牢固	J3	B5	15	中等	确认脚手搭建牢固后再进行作业	
		物体打击	扳手、部件在装配过程中掉落，砸伤人员	J3	E2	6	一般	(1)人员应经过培训，精力要高度集中，服从工作负责人的统一指挥和调配； (2)佩戴好安全防护用品，如安全帽、防滑鞋、手套等	
三、修后恢复									
1	结束工作	设备损坏	现场遗留检修杂物	J3	E2	6	一般	(1)工作总结，清点检修工器具及材料，确认无遗留无遗失； (2)清扫检修现场； (3)办理工作票终结手续	

5.20 真空断路器电气试验作业(表5-21)

表5-21 真空断路器电气试验作业危险源辨识及控制措施表(JSA)

日期：

工作名称/任务：	地点：	编号：
部门：	主管人：	工作执行人职务：
编制：	审查：	批准：

作业环境条件

□室内 □室外 □冷 □热 □湿 □灰尘 □水汽 □噪声 □震动 □天气状况不良 □其他

基本工作行动

□举重 □抓取 □推 □坐 □伸展 □弯曲 □跪 □直立 □拖 □蹲 □攀爬 □其他

续表

序号	工作步骤	潜在危险	危害原因	风险评估				风险控制措施	备注
				可能性	损失	风险值	风险等级		
一、修前准备									
1	确认安全措施	(1)设备损坏； (2)人身伤害	设备本身有缺陷	K2	B5	10	中等	(1)维修前确认设备名称和位置； (2)确认停电开关，确认安全措施执行情况； (3)作业前确认真空断路器是否本身有缺陷	
2	试验前的准备	(1)触电； (2)设备损坏	(1)未参加相关培训； (2)使用不合适的工具或工具准备不全； (3)使用过期的仪器； (4)未准备好相关图纸、技术数据、原始资料	K2	B5	10	中等	(1)严格执行定制管理要求； (2)按试验要求准备工具并确认(试验线、接地线、线夹)没有破碎且有效； (3)按检修要求准备好图纸、技术数据、原始资料； (4)严格参照《华北电网有限公司电力设备交接和预防性试验规程》进行作业； (5)参加试验的人员进行安全教育和技术培训，达到上岗条件； (6)真空断路器已停电并做好安全技术措施； (7)真空断路器影响试验的部件、引线已拆除、试验现场无与试验不相关的人员； (8)严禁携带工具以外的其他物品(如金属性物品或锋利物品)； (9)作业组成员的着装要符合工作要求，正确穿戴劳动防护用品	
二、试验过程									
1	真空断路器导电回路电阻	(1)触电； (2)物体打击	(1)真空断路器损坏； (2)未正确使用劳动防护用品； (3)真空断路器测试点选择不当	I4	D3	12	中等	(1)正确穿戴劳动防护用品； (2)测试不小于 100 A 电流前，确认真空断路器完好； (3)选择满足人机工程的试验场所	
2	真空断路器交流耐压试验	(1)触电； (2)火灾	(1)测试一相电时，另外两相电对地连接不良； (2)加压过程中，断路器耐压程度不良，发生绝缘烧焦气味、冒烟或响声等异常现象	J3	E2	6	一般	(1)穿戴好工作服、手套、口罩等防护用品； (2)确认接地性能完好； (3)开关或急停按钮完好，发生紧急状况保证立即降压和断电	

续表

序号	工作步骤	潜在危险	危害原因	风险评估				风险控制措施	备注
				可能性	损失	风险值	风险等级		
3	合、分闸电磁铁的最低动作电压	(1)触电； (2)物体打击； (3)人身伤害； (4)设备故障	(1)突然加压时，接触带电体触电； (2)突然加压时，断路器承压不良，发生物理爆炸或火灾	I4	B5	20	重大	(1)穿戴好工作服、手套、口罩等防护用品； (2)确认接地性能完好； (3)开关或急停按钮完好，发生紧急状况保证立即降压和断电	
三、现场环境									
1	高处作业	(1)高处坠落； (2)物体打击	(1)安全带、差速器未使用或安装不当； (2)设备或材料没有做好防坠落措施； (3)未正确使用劳动防护用品	K2	A6	12	中等	(1)正确佩戴安全帽、安全带、差速器； (2)一律使用工具袋； (3)安全带高挂低用，且挂在牢固的物体上； (4)正确使用劳防用品，穿棉质连体服； (5)做好拆卸下来的保温材料的防坠落措施	
3	操作完成后	(1)设备损坏； (2)触电	(1)现场其他物体影响真空断路器； (2)检查完成后，通电时发生触电	I4	C4	16	中等	(1)检查作业后，着空断路器完好程度； (2)所带的常用工具、试验线应认真清点，绝不许遗落在现场； (3)各作业过程作业组长要进行安全交底，检查试验接线正确性，做好危险预想	

参考文献

樊茂飞，陈国华，2008. 基于变权模型的燃气电厂危险性评价方法研究[J]. 煤气与热力，28(4)：48-53.

冯杰，罗迅，张鉴燮，等，2016. 基于协调联动的电力无脚本演练情景模型研究[J]. 中国安全生产科学技术，12(5)：164-169.

国家电力监管委员会，2013. 燃气发电安全监管报告[R].

李克勤，2016. 电力生产安全风险辨识评价与应用[J]. 科学论坛(4)：93.

李敏，方江敏，王伟，2013. ANSYS法对含腐蚀含缺陷管道的剩余强度评价[J]. 石油化工设备技术，34(2)：9-12.

李展，邵辉，束尧宸，2016. 基于信息扩散理论的天然气发电风险预警技术研究[J]. 安全环境与工程(7)：145-147.

刘宁宁，2012. 哈尔滨供电公司安全生产预警与控制研究[D]. 长春：吉林大学：13-28.

刘铁民，2012. 重大突发事件情景规划与构建研究[J]. 中国应急管理(4)：18-23.

刘伟，2011. 火电企业危险源管理研究[D]. 北京：华北电力大学：13-37.

罗通元，毛仲强，曾路，2016. 重特大生产安全事故的情景构建[J]. 安全(2)：29-33.

美国管道检测、保护、实施及安全法案(Pipeline Inspection，Protection，Enforcement，and Safety Act of 2006)[Z]. 2006.

美国石油学会，2000. 基于风险的检验基本资源文件[J]. API出版物，581(5)：3-6.

美国油气管道安全法案[Z]. 2002.

盛兆顺，尹琦岭，等，2003. 设备状态监测与故障诊断技术及应用[M]. 北京：化学工业出版社.

宋国斌，2008. 燃气发电企业安全性评价管理[D]. 北京：华北电力大学.

孙红星，2014. 发电企业风险分析与控制模型研究[D]. 北京：华北电力大学：19-61.

孙永庆，钟群鹏，2006. 风险评估技术对我国工业发展的影响[C]. 宁波：全国第五届航空航天装备失效分析研讨会.

王永明，刘铁民，2010. 应急管理学理论的发展现状与展望[J]. 中国应急管理(6)：24-30.

谢传胜，赵晨晨，2016. 基于模糊神经网络的燃气发电风险评价研究[J]. 科技创新与应用(32)：2-3.

信志涛，赵玲，吴明，等，2016. 基于ANSYS的输油管道数值分析[J]. 当代化工，45(8)：1814-1816.

徐海宏，夏耀祖，2006. 燃气管道风险评估系统概况[J]. 上海煤气(2)：1-3.

杨顺虎，2003. 燃气、蒸汽联合循环发电设备及运行[M]. 北京：中国电力出版社.

杨伟，胡军，吴军基，2005. 基于GSA的电力系统不良数据辨识算法[J]. 继电器(11)：41-44.

张斌，2012. 我国天然气发电现状及前景分析[J]. 中国能源(11)：2-4.

张明红，佘廉，2016. 基于情景构建的突发事件演化模型研究——以青岛"11·22"事故为例[J]. 情报杂志，35(5)：65-71.

赵伟，2016. 燃气电厂常见风险及控制探究[J]. 科技风(9)：179-180.

赵自军，陈岚，郝冉冉，2013. 燃气热电厂配电间燃气爆炸事故分析与反思[J]. 燃气与热力，33(9)：35-37.

郑飞，2008. 基于数据挖掘的燃气管道风险评估模型的优化[J]. 交通与计算机，26(6)：113-115.

DEMICHELA M，PICCININI N，ROMANO A，2004. Risk analysis as a basis for safety management system[J]. Journal of Loss Prevention in Process Industries，17(3)：179-185.